BIENVENUE À GÊNES

COVID-19

Attention, les horaires et les modalités d'accueil des sites touristiques sont susceptibles de changer en fonction de l'évolution de la crise sanitaire.
De nombreux musées et monuments imposent désormais la réservation en ligne. Vérifiez les conditions de visite afin d'éviter toute déconvenue.

La Lanterna, phare et symbole de Gênes.
giovannicaito/Getty Images Plus

Arriver à Gênes

En avion

Aéroport international Cristoforo Colombo – À 6 km à l'ouest du centre - ✆ 010 60 151 - www.airport.genova.it.

ℹ Dans le hall des arrivées - ✆ 010 557 29 03 - 11h-19h20. Vente de billets Volabus et du Genova Pass (*p. 125*), ainsi que du City Pass et de la Genova Museum Card (*p. 122*).

De l'aéroport

En bus – Le **Volabus** dessert le centre-ville en 30mn env. (5h30-0h, ttes les 40-50mn, 6 €/13 € pour groupe de 3 pers., achat à bord, aux bornes AMT de l'aéroport ou sur Internet à prix réduit). Arrêts à la gare Genova Principe, Via XX Settembre/ Piazza De Ferrari et terminus gare de Brignole.

En taxi – Comptez 25 € pour le centre-ville (jusqu'à 4 pers. - 30 € au-delà - tarifs majorés j. fériés et après 22h). ✆ 010 89 333, 010 59 66 ou 010 77 277, WhatsApp : 392 5966 123, et sur www.5966.it

Autres aéroports accessibles

Les aéroports de **Nice**, **Milan** et **Pise**, à environ 2h de voiture de Gênes et des Cinque Terre, peuvent constituer une bonne alternative pour un long week-end.

En train

Gênes compte deux gares : **Genova Piazza Principe** (Piazza Acquaverde) – la plus importante car le point d'arrivée en provenance du nord et de l'ouest de la ville (donc des villes françaises, belges et suisses) – et **Genova Brignole** (Piazza Verdi) où arrivent les trains en provenance de villes situées à l'est et au sud de Gênes. Toutes deux sont reliées au centre par le métro (M San Giorgio ou De Ferrari).

Informations – En France : ✆ 09 74 91 98 72 - en Italie : ✆ + 39 06 68 47 54 75 (7h-0h) - www.trenitalia.com.

Par la route

Gênes est desservie par 4 autoroutes : l'A 12 (de Florence), l'A 7 (de Milan), l'A 26 (de Turin) et l'A 10 (de Nice).

En bateau

Les **ferries** accostent à l'ouest de la ville, du côté du phare de la Lanterna ; les bateaux de croisière, aux môles des **gares maritimes** de Ponte dei Mille et de Ponte Andrea Doria.

Rens. : www.smge.it.

ℹ **Ponte dei Mille** – 8h30-12h30 - ouv. selon arrivée des paquebots.

Transports urbains

Bus, métro, ascenseurs et funiculaires sont exploités par l'AMT. Différentes formules tarifaires sont proposées. Pensez à La Genova Museum Card et au Genova City Pass qui donnent un accès gratuit à tout le réseau. *p. 122 et p. 125.*

Le lion de la cathédrale San Lorenzo.
cre250/Getty Images Plus

Nos incontournables

notre sélection des plus beaux sites

★★★ **Porto Antico**
Plan AE5-6 - p. 14

★★ **San Lorenzo**
Plan E6 - p. 24

★★ **Chiesa del Gesù**
Plan E6 - p. 23

★★ **Galleria Nazionale di Palazzo Spinola**
Plan DE5 - p. 27

★★ **Acquario**
Plan D5 - p. 16

★★ La vue depuis le belvédère de Castelletto
Plan E5 - p. 52

★★★ Les Cinque Terre
p. 72

★★★ Via Garibaldi
Plan E5 - p. 32

★★ San Fruttuoso
p. 69

★★★ Portofino
p. 66

Nos coups de cœur

Découvrir la ville dans toute son immensité depuis la terrasse du Castello d'Albertis, en compagnie de la statue de Christophe Colomb, placée de telle façon que si on traçait une ligne suivant son regard, elle arriverait à San Salvador, l'île où l'explorateur a accosté le 12 octobre 1492. *p. 51.*

Se régaler de la fameuse panera, délicieux *semifreddo* au café qui fait la renommée de la ville. À goûter dans des pâtisseries d'un autre temps, dont la décoration, volontiers froufroutante, fait déjà saliver. *p. 96.*

Andar per botteghe, comme disent les Génois, faire les boutiques, mais pas n'importe lesquelles. Il s'agit des *botteghe storiche*, ces échoppes du centre de Gênes, souvent plus que centenaires, qui ont conservé le charme désuet et le savoir-faire impeccable d'un autre temps. *p. 25.*

Perdre la notion du temps sur le port de Boccadasse, encombré de barques colorées et dominé par des maisons grimpant à l'assaut de la colline, en dégustant une glace tout en scrutant la mer. *p. 57.*

Elena Odareeva/Getty Images Plus

Boccadasse.

Se laisser porter par l'atmosphère intimiste de la Piazza Campopisano, pavée d'une mosaïque de galets, *a risseu*, en contrebas de la Piazza Sarzano. Alentour, les *caruggi* et les rues tortueuses qui dégringolent vers les **Mura della Marina** dévoilent une Gênes populaire, d'une humanité insoupçonnée. *p. 31.*

Prendre une leçon d'humilité en observant l'émouvante Madeleine pénitente de Canova, au Palazzo Tursi. Le contraste entre la sensualité du corps de la sainte et la façon dont elle s'abandonne à la volonté de Dieu est rendu par l'artiste avec une justesse rare. *p. 41.*

Se balader dans l'immense et silencieux cimetière de Staglieno, au milieu de statues, de chapelles et de monuments funéraires exceptionnels. *p. 54.*

S'émerveiller à Camogli, un amour de petit port avec ses maisons colorées agrémentées de décors en trompe-l'œil, posé au bord du bien nommé golfe Paradiso. *p. 61.*

Emprunter la Passeggiata Anita Garibaldi à Nervi, pour une promenade inoubliable en balcon sur la mer, au plus près d'une nature idyllique. Avant ou après une immersion de culture dans les riches musées de Nervi. *p. 58.*

Prendre un verre au bout du monde au phare de Portofino. Et se laisser emporter par le panorama infini sur la mer que l'on surplombe d'une petite terrasse blanche. *p. 98.*

Flavio Vallenari/Getty Images Plus

Promenade Anita Garibaldi à Nervi.

Faire une halte gastronomique au Food Corner du Mercato Orientale, parmi les étals regorgeant de parfums et couleurs du plus beau marché de la ville. *p. 87.*

Découvrir Gênes de la mer, à bord du Navebus qui, pour quelques euros, vous fait ressentir la longue tradition maritime de la ville et donne un bon aperçu de l'étendue des installations portuaires. *p. 126.*

Faire ses provisions ou déguster sur place quelques spécialités ligures dans le supermarché-restaurant **Eataly**, posté face au Bigo. Ambiance décontractée et vue imprenable sur le vieux port ! *p. 82.*

Gênes en 3 jours

Jour 1

Matin

Découverte du joyau de Gênes, la **Via Garibaldi★★★** *(p. 32)*, classée au patrimoine de l'humanité, et de ses somptueux palais comme le **Palazzo Tursi★★**, le **Palazzo Bianco★★** et le **Palazzo Rosso★★**.

Après-midi

Consacrez-le à la découverte du **Porto Antico★★★** *(p. 14)* réaménagé par Renzo Piano. Le site appelle à la flânerie, à s'asseoir au soleil ou à admirer les bateaux des plaisanciers fortunés. À ne pas manquer : le **Palazzo San Giorgio★** et ses fresques en trompe-l'œil, l'**Acquario★★** *(p. 16)*, mais aussi le **Bigo** *(p. 16)*, sensations garanties avec, à la clé, une **vue★★** d'anthologie sur la ville et le port. Avec des enfants, cap sur la **Biosfera** *(p. 18)* et la **Città dei Bambini★** *(p. 18)*.

Soirée

Vous emboîterez le pas des Génois pour vous livrer à l'incontournable *passeggiata* sur le Porto Antico, où se succèdent bars et restaurants.

Maurizio Paolo Grassi/Getty Images Plus

Piazza De Ferrari.

Jour 2

Matin

Rendez-vous **Piazza De Ferrari★** *(p. 46)*, qui fait la charnière entre la ville moderne et le centre historique. De là, visites du **Palazzo Ducale★** *(p. 20)* et de la **Chiesa del Gesù★★** *(p. 23)*, toute proche, avec son admirable intérieur baroque et ses tableaux de Rubens. Après une halte devant la façade néoclassique du Palazzo Ducale, vous atteindrez très vite la place où se dresse la merveilleuse façade de la **Cattedrale di San Lorenzo★★** *(p. 24)*. La Via San Lorenzo, bordée de boutiques, vous conduira ensuite Piazza Caricamento, à l'orée du Porto Antico.

Midi

Déjeuner sur le pouce dans une *focacceria* de la vieille ville.

Après-midi

Rejoignez la **SS. Annunziata del Vastato★★** *(p. 42)* pour son décor intérieur baroquissime. **Via Balbi★** vous attendent deux somptueux palais : le **Palazzo Reale★★** et le **Palazzo dell'Università★** *(p. 43-44)*. En fin d'après-midi, prenez l'ascenseur de **Castelletto** *(p. 52)* pour découvrir un **panorama★★** imprenable sur les toits de Gênes ou optez pour celui de Montegalletto pour visiter l'étonnant **Castello d'Albertis** qui, lui aussi, réserve une très belle vue sur la ville *(p. 51)*.

Soirée

Apéro **Piazza delle Erbe** *(p. 94)*, puis grimpez la Salita Prione jusqu'à la **Porta Soprana★** *(p. 31)* pour dîner **Via di Ravecca**.

Deux ou trois jours de plus...

En moins de 1h de train vous serez à **Santa Margherita Ligure★★** *(p. 63)*, d'où un bus ou un bateau vous conduiront à **Portofino★★★** *(p. 66)*. Trop jet-set ? Prenez un bateau au Porto Antico et allez vous baigner à **Camogli★★** et à l'abbaye de **San Fruttuoso★★** *(p. 69)*.Une autre heure de train et vous voici dans les **Cinque Terre★★★** *(p. 72)*, lieu rêvé pour des randonnées entre ciel et mer.

Jour 3

Matin

De la **Piazza Banchi★** *(p. 28)*, la très commerçante Via San Luca vous mènera tout près du **Palazzo Spinola★★** *(p. 27)*. Par la Via del Campo et la Via di Prè, rejoignez l'église **San Giovanni di Prè★** *(p. 44)* et le **Galata Museo del Mare★★** *(p. 18)*. Prenez le métro jusqu'à la station Sant'Agostino (Piazza Sarzano) pour rejoindre les ruelles du quartier de Santa Maria di Castello.

Après-midi

Sur place, de belles églises à visiter : **Santa Maria di Castello★** *(p. 29)* et **San Donato★** *(p. 30)*, ainsi que le **Museo di Sant'Agostino★** pour les fans de sculpture ancienne. De là, changement d'ambiance Piazza Dante, et flânerie autour de la **Via XX Settembre** *(p. 48)*.

Soirée

Cap sur le **port de Boccadasse★** *(p. 57)*, en bus ou à pied par le **Corso Italia★**, pour un apéritif sur la plage et un dîner dans les ruelles alentour.

VISITER GÊNES

Cour intérieure du Palazzo Nicolosio Lomellino, Via Garibaldi.
Marina113/Getty Images Plus

Gênes aujourd'hui

Pour le poète Pétrarque, Gênes est « une ville royale, adossée à une colline alpestre, superbe grâce à ses hommes et à ses murs, dont le seul aspect la désigne comme la reine des mers ». De là vient l'appellation de Gênes, **la Superba**, soit « la magnifique » mais aussi, par le double sens du mot italien, « l'orgueilleuse ».

Celle qui vit naître Christophe Colomb est avant tout un port, par définition lieu d'échanges et de contacts entre différentes cultures, ici véritable centre de gravité de cette ville cosmopolite et accueillante d'une rare et surprenante humanité. C'est d'ailleurs par bateau que l'on appréhende le mieux Gênes, « cité verticale » de près de 600 000 hab., enserrée entre des montagnes qui se déploient en amphithéâtre autour de l'eau. Au premier plan s'étire le port où, telles des pièces de Lego, les containers s'entassent au pied d'une forêt de silos et de grues tandis qu'au second plan, s'agrippant à la pente, les maisons colorées s'empilent à la manière d'un gigantesque jeu de construction un brin désordonné.

De l'industrie aux loisirs

Une fois passé le port industriel, on accoste au **Porto Antico**, revisité par le génie architectural de **Renzo Piano**, un autre enfant du pays, en 1992, lors du 500e anniversaire de la découverte de l'Amérique. Gênes la discrète a alors été propulsée sur le devant de la scène avec, entre autres nouveautés, le plus grand aquarium d'Europe, un endroit devenu incontournable pour la *passeggiata* des touristes et des Génois.

Le plus grand noyau médiéval d'Europe

Derrière le port se serrent les uns contre les autres les premiers édifices de la vieille ville… légèrement masqués par la controversée **Sopraelevata**, rocade surélevée et vieillissante, qui fait partie du paysage depuis les années 1960. La proximité entre cette route et le centre historique de la ville surprend toujours le visiteur. En effet, c'est le plus grand centre médiéval au monde, entièrement piéton, un incroyable labyrinthe de venelles aux édifices si hauts que l'on en oublie le ciel et la mer. C'est dans ce lacis de **caruggi**, ruelles destinées à l'origine à égarer les envahisseurs, que vous viendrez flâner… et vous perdre à votre tour ! Une foule issue de tous les continents, venue en Italie chercher fortune, hante ce quartier populaire, ce qui lui vaut par endroits une réputation sulfureuse, notamment autour de la Via di Prè, de la Via del Campo chantée par Fabrizio De André, ou du quartier della Maddalena. Mais, à l'instar de nombreuses villes dans le monde, le centre historique, longtemps délaissé, est peu à peu réhabilité. À défaut de grandes places, absentes du centre historique, les *piazzette* deviennent donc noires de monde à l'heure du sacro-saint *aperitivo*, un rituel que les Génois ne sacrifieraient pour rien au monde, avant de s'attabler dans l'un des délicieux restaurants que compte le quartier.

Faste et raffinement génois

La visite du centre historique atteint son point d'orgue à la **Via Garibaldi** (ancienne **Strada Nuova**), la « plus belle rue au monde » au Siècle d'or. Inscrite au Patrimoine mondial de l'Unesco, cette large artère bordée de splendides palais Renaissance reflète la puissance économique et politique des riches familles génoises du 16e s. Si certains de ces édifices ont été transformés en musées, la plupart abritent des bureaux et des banques, où les employés s'affairent sous des plafonds ornés de fresques et de dorures éblouissantes.

La ville moderne et les quartiers résidentiels

À partir de la vaste **Piazza De Ferrari**, trait d'union entre la ville ancienne et la ville nouvelle, s'étendent des quartiers, plus aérés, construits aux 19e et 20e s. Dans ce que les habitants appellent le « Quadrilatère », les larges avenues, les rues à arcades ou les passages couverts sont consacrés au shopping. Les amateurs d'architecture pourront aussi y admirer quelques beaux exemples d'immeubles Liberty. Cependant, la circulation automobile et les longues distances rendent parfois la visite de la ville moderne fatigante. Prenez alors place à bord de l'un des **ascenseurs** ou **funiculaires** qui vous hisseront, sans effort, jusqu'à de superbes belvédères dominant le vaste océan de toits d'ardoise, avec le bleu du ciel et de la Méditerranée en toile de fond.

avalon1973/Getty Images Plus

La Lanterna veille sur le port de fret.

Prendre le large

Comme la ville tourne au ralenti le dimanche, et que la plupart des musées sont fermés le lundi, profitez-en pour une escapade dans de petits ports pittoresques comme **Boccadasse** ou **Nervi**. Si vous disposez de quelques jours supplémentaires, poussez jusqu'à l'**abbaye de San Fruttuoso** ou **Portofino**, la station balnéaire chic de la côte, ou dans les charmants villages des **Cinque Terre**, pour une randonnée inoubliable entre mer et montagne.

Le port★★★

Véritable cœur et poumon de Gênes, le port impressionne quiconque arrive en avion ou en bateau du fait de son étendue – quelque 25 km de quais qui en font le deuxième port le plus important d'Italie après Trieste en matière de trafic maritime et de fret. À l'ouest, le phare de la Lanterna, le symbole de la ville, veille depuis le 16e s. sur le ballet industrieux des chantiers navals et des mouvements de marchandises. Tandis qu'à l'est, les bateaux de plaisance, l'édifice tout en longueur des entrepôts du Cotone et les réalisations de Renzo Piano désignent le Porto Antico.

▶**Accès :** M San Giorgio, Darsena ou Principe *(10mn à pied)*.

Plan de quartier p. 17. Plan détachable AE5-6.

▶**Conseils :** plusieurs parkings payants se trouvent sur le port. Pour avoir une vue d'ensemble du site, profitez de l'ascenseur panoramique du supermarché-restaurant Eataly Porto Antico.

Office de tourisme IAT : Ponte Spinola - ✆ 010 55 72 903 - 9h-18h20. Stazione Marittima - Ponte dei Mille - 8h30-12h30.

Nos adresses p. 82, 94, 108 et 110.

Liguria Via Mare organise des minicroisières qui permettent de découvrir le port de Gênes depuis la mer - *✆ 010 26 57 12 - www.liguriaviamare.it - 1h10 - 8 €.*

Porto Antico ★★★

www.portoantico.it

On y accède par la **Piazza Caricamento** sur laquelle s'élève le palais San Giorgio, en partie masqué par la Sopraelevata *(p. 12)*.

Entièrement réaménagé sous la houlette de l'architecte **Renzo Piano** en 1992, à l'occasion du 500e anniversaire de la découverte de l'Amérique, c'est aujourd'hui un endroit dégagé qui accueille des manifestations culturelles, des compétitions sportives, un palais des congrès, des cinémas, boutiques et restaurants. Bref, un lieu incontournable de jour comme de nuit.

Palazzo San Giorgio ★

Via della Mercanzia, 2 - www.palazzosangiorgio.org - ouv. seult lors d'expositions temporaires et seult les salles concernées par les expositions - visites guidées pendant les journées FAI et les Rolli Days - rens.sur le site.

Édifié au 13e s., il accueillit le gouvernement de la ville et détint dans ses geôles le Vénitien Marco Polo, prisonnier de la République de Gênes après la bataille de Curzola (1298). C'est ici que ce dernier dicta à Rustichello da Pisa les mémoires de ses voyages qui deviendront le célèbre *Livre des Merveilles*. Siège au 15e s. de la puissante banque de San

MOBY

Giorgio, le bâtiment abrite depuis 1903 les bureaux des autorités portuaires. La **façade★** donnant sur le port est décorée de fresques de Lazzaro Tavarone (1610, restaurées en 1992) qui représentent saint Georges terrassant le dragon.

Sottoripa

Derrière le palais San Giorgio, cette rue longe le port sur près d'un kilomètre à l'abri de ses portiques construits au 12e s. pour protéger les entrepôts des marchandises en transit. Témoin de l'époque des grands trafics maritimes, cette enfilade voûtée est un lieu étonnant mêlant souvenirs de pacotille, boutiques de téléphonie, poissonneries et snacks populaires au-dessus desquels flotte une odeur tenace de poisson frit provenant des *friggitorie*.

Porta Siberia

À l'extrémité sud du vieux port, la **Porta del Molo**, ou Porta Siberia, faisait partie des remparts conçus à la moitié du 16e s. par Galeazzo Alessi. Elle accueillait les entrepôts destinés à stocker les vivres (en italien *cibarie*, d'où son nom) et les bureaux pour la collecte des impôts. Non loin de là, tournée vers l'eau, se déploie l'enfilade des **Antichi Magazzini del Cotone** (anciens entrepôts de coton du 19e s.), restaurés par Renzo Piano. Ils abritent le centre de congrès, des cinémas...

Bigo

✆ 010 23 451 - www.acquariodi genova.it - juin-août : 10h-12h,17h-22h sf lun. matin - mars-mai et sept.-oct. : 10h-18h sf lun. matin ; nov.-fév. : w-end seult, 10h-17h - 5 €, 38 € billet combiné avec Acquario et Biosfera. Tarifs plus avantageux sur Internet.

Cette structure métallique, rendant hommage aux grues du port et dotée d'un ascenseur panoramique, domine le port et dévoile une **vue★★** spectaculaire sur la ville.

Acquario ★★

Ponte Spinola - ✆ 010 23 451 - www. acquariodigenova.it - mars-sept. : 9h - 20h (8h30 juil.-août) ; oct.-fév. : 10h-20h - dernière entrée à 18h - 29 € (-12 ans 21 €), tarifs réduits sur le site. Comptez 2h30 mini.

Familles et enfants plébiscitent le lieu le week-end. Venez donc plutôt en semaine dès l'ouverture ou, encore mieux, réservez votre billet sur le site (tarifs avantageux, entrée garantie).

Didactique, avec ses panneaux lumineux expliquant les espèces rassemblées et les différents milieux reconstitués dans les bassins, l'Aquarium, lui aussi œuvre de Renzo Piano, ménage divers points d'observation qui donnent l'impression d'être immergé parmi les poissons et les mammifères marins. Ont été recréés les écosystèmes sous-marins de la Méditerranée, de la mer Rouge et de Madagascar, la forêt tropicale et la barrière de corail. Parmi les espèces particulièrement intéressantes à observer, citons les phoques, les lamantins, les dauphins, les requins, les pingouins, les méduses, les poissons des récifs coralliens et les raies.

La Grande Nave Blu accueille le **pavillon de la Biodiversité**.

SE RESTAURER

- Trattoria della Raibetta...... 18
- Fish Lab.................... 30
- Antica Friggitoria Carega ... 31
- Cavour 21.................. 32
- Eataly...................... 33
- Gran Ristoro................ 34
- Panino Marino.............. 35
- Pizzeria Savô.............. 36
- Osteria di Vico Palla......... 40

PRENDRE UN VERRE

- Banano Tsunami............ 10

SORTIR

- Arena del Mare............ 13
- 518 Cocktail & Restaurant... 18

SE LOGER

- Abbey Hostel............... 4
- B & B dell'Acquario.......... 10
- Bluripa Guesthouse......... 12
- Genova Suite Art 13
- Hotel de Ville.............. 14

Biosfera

✆ 010 23 45 659 - www.acquariodigenova.it - mars-oct. : 10h-19h (18h en mars et oct.) ; nov.-fév. : 10h-17h - dernière entrée 1h av. fermeture - 5 €, 38 € billet combiné avec Acquario et Bigo. Tarifs plus avantageux sur Internet. Cette sphère en verre reproduit le milieu de la forêt tropicale : un hommage à la découverte du Nouveau Monde.

Au bout du quai se trouve l'**Isola delle Chiatte**, conçue par Renzo Piano pour le G8. Elle consiste en une plateforme flottante avec quelques bancs. Sa situation au centre du Porto Antico, le cri des mouettes qui la survolent et l'eau scintillante lui confèrent une atmosphère très spéciale.

Città dei Bambini e dei Ragazzi ★

Cité des enfants

Ponte Spinola, entrée derrière l'Acquario - ✆ 010 234 59 20 - www.cittadeibambini.net - 10h-18h - fermé lun. sf avr., mai et août - 5 € 2-3 ans, 7 € 3-13 ans, 12 € adultes.

La Cité des enfants, qui vient d'inaugurer ses installations sous l'Aquarium, propose aux visiteurs de 2 à 12 ans toute une série d'activités et de jeux interactifs pour les inviter à découvrir les 5 sens, le monde naturel et les grands principes technico-scientifiques. Les plus petits (2-4 ans) trouveront leur bonheur à l'espace Splash conçu spécialement pour eux.

Entre l'Aquarium et le musée Galata, ne manquez pas le **Galeone Neptune**, amarré au Ponte Calvi. Il s'agit d'une réplique d'un galion du 17e s. construit en 1986 pour le film *Pirates* de Roman Polanski. Entièrement fonctionnel (il peut atteindre la vitesse de 5 nœuds), il est maintenant définitivement à quai *(10h-17h - 6 €, -12 ans 4 €).*

Galata Museo del Mare ★★

À l'ouest du vieux port, Calata De Mari, 1 - ✆ 010 25 33 555 - www.galatamuseodelmare.it - mars-oct. : 10h-19h ; nov.-fév. : tlj sf lun. 10h-18h, (w.-end 19h) - dernière entrée 1h av. fermeture - 17 € (-17 ans 12 €). Comptez au moins 1h30.

Logé dans le bâtiment le plus ancien de l'arsenal de la République, ce passionnant musée présente l'histoire de la navigation à Gênes par le biais d'une muséographie particulièrement réussie, notamment grâce à la qualité des documents et des pièces exposés ainsi que par son interactivité.

Le rez-de-chaussée et le 1er étage présentent **« L'époque de la rame »**, avec notamment une galère du 17e s. reconstituée et une salle consacrée à Christophe Colomb. Le 2e étage évoque **« L'âge de la voile »**, ainsi que la reconstitution d'un chantier naval de la fin du 19e s. et d'un brigantin.

Le 3e étage, dédié à **« L'âge des transatlantiques et des yachts »**, se présente comme un parcours ludique particulièrement réussi, révélant les coins et les recoins d'un paquebot de l'époque, sans oublier le rappel d'un passé moins insouciant, celui des émigrants italiens partis du port de Gênes pour trouver une vie meilleure de l'autre côté de l'Atlantique. Avant de monter au dernier étage, ne manquez pas le parcours interactif qui vous apprendra à travailler dans un sous-marin : la formation vous servira lors de la visite du **sous-marin Nazario Sauro**, amarré à quai en face du musée *(**ci-après**)*. Au 4e étage, la salle « **Navigare nell'Arte** » présente une magnifique collection de marines dont une série de tableaux de bateaux à vapeur, dits d'émigration. La terrasse (hélas vitrée) offre une **vue★** à 360° sur la ville et le port.

Le parcours se termine par la découverte du **Nazario Sauro**, qui a servi la Marine militaire italienne de 1980 à 2002. 49 marins vivaient à son bord. La visite *(déconseillée aux personnes claustrophobes)* vous fera connaître le fonctionnement d'un sous-marin et les conditions de vie des hommes.

La Lanterna ★

Plan détachable A6. *Rampa della Lanterna. Site accessible seult à pied par le chemin panoramique (800 m) au départ du parking du centre commercial des ferries de la Piazza Dinegro (Terminal Traghetti). Le parking est gratuit pendant 2h30 pour tout achat (même un café) dans le centre commercial. En transports en commun : M Di Negro ; Bus : Ligne 1 (dir. Voltri) dép. devant l'Aquarium, arrêt Buozzi 2-Metro Dinegro - 010 40 76 583 - www.lanternadigenova.it - juin-sept. : tlj sf lun. 10h-18h ; reste de l'année : w-end seult - 8 €.*

La Lanterna marque l'entrée occidentale du port de **Sampierdarena**. Bâtie en 1543, elle remplace une tour de guet d'une hauteur presque équivalente érigée au début du 12e s. pour signaler la côte par un feu qu'on allumait à son sommet. Vue du Porto Antico, sa silhouette se détache sur un fond de gratte-ciel parmi lesquels le célèbre **Matitone** (« Gros crayon ») construit en 1992, dont la forme rappelle le campanile de l'église San Donato (*p. 30*). Le phare s'élève sur un rocher de 40 m de haut, et son sommet se trouve à 117 m au-dessus du niveau de la mer. Au rez-de-chaussée, il accueille un intéressant petit **musée des phares**. La montée permet d'atteindre le 1er étage où une terrasse panoramique offre une belle **vue** sur le port et la vieille ville.

avalon1973/Getty Images Plus

La Lanterna vue de la Passeggiata Panoramica.

La vieille ville★★

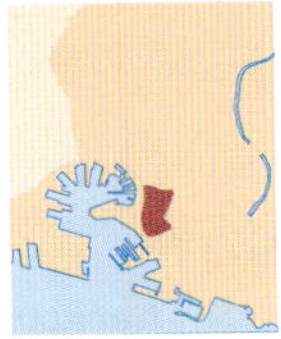

Fabrizio de André, l'un des auteurs-compositeurs préférés des Italiens, la décrit ainsi : « des quartiers où le soleil du Bon Dieu ne pointe pas ses rayons ». De fait, la vieille ville de Gênes est un dédale de « caruggi », ces ruelles étroites parfois larges d'à peine un mètre, bordées de hautes maisons colorées au-delà desquelles ciel et mer échappent au regard. Ce quartier populaire, commerçant et animé, forme à l'est du Porto Antico le plus grand noyau médiéval d'Europe. Pour en apprécier tout le charme, il faut s'y perdre. Sous le regard protecteur des madones baroques qui surveillent pratiquement tous les coins de rues, vous découvrirez ici un linteau de porte ouvragé ou une façade ornée de fresques, là une échoppe historique ou une « focacceria » appétissante.

▶**Accès :** la vieille ville s'élève entre le port et la ville moderne. Ⓜ De Ferrari, San Giorgio et Sant'Agostino.

Plan de quartier p. 22. Plan détachable DE5-6-7.

▶**Conseil :** comptez une bonne journée afin d'explorer toutes les richesses du vieux Gênes. Pour dénicher les échoppes historiques, voir encadré p. 25.

Office de tourisme IAT – Via Garibaldi, 12r - ✆ 010 55 72 903 - 9h-18h20.

Nos adresses p. 83, 94, 101, 108 et 110.

Palazzo Ducale ★

Z2 *Piazza Matteotti, 9 - ✆ 010 81 71 600 - www.palazzoducale.genova.it - appartements du doge, chapelle, salons du Maggior et Minor Consiglio, Torre Grimaldina : 11h-19h - 5 €.*

Le centre du pouvoir de la République pendant six siècles est aujourd'hui celui d'activités culturelles, accueillant des salles d'exposition et plusieurs associations comme la Fondation pour la culture, l'Académie ligure des sciences et des lettres et les archives historiques de la ville.

Le noyau du bâtiment médiéval *(sur la gauche)* se compose du Palazzo di Alberto Fieschi, du Palazzo degli Abati et de la **Torre Grimaldina**, qui fut, à partir du 14ᵉ s., une prison secrète. En 1815, Niccolò Paganini y fut enfermé pour enlèvement et détournement de mineure. La tour bénéficie de sa terrasse d'un incomparable panorama sur la vieille ville. Le bâtiment principal, avec ses deux cours à portique, a été érigé entre la fin du 16ᵉ s. et le début du 17ᵉ s. par Andrea Vannone. La façade principale néoclassique, avec les deux ailes latérales donnant sur la Piazza Matteotti, fut reconstruite au 19ᵉ s. après un total réaménagement de la place elle-même, lorsque fut percée la Via San Lorenzo. La façade qui donne sur la Piazza De Ferrari remonte aux années 1935-1940.

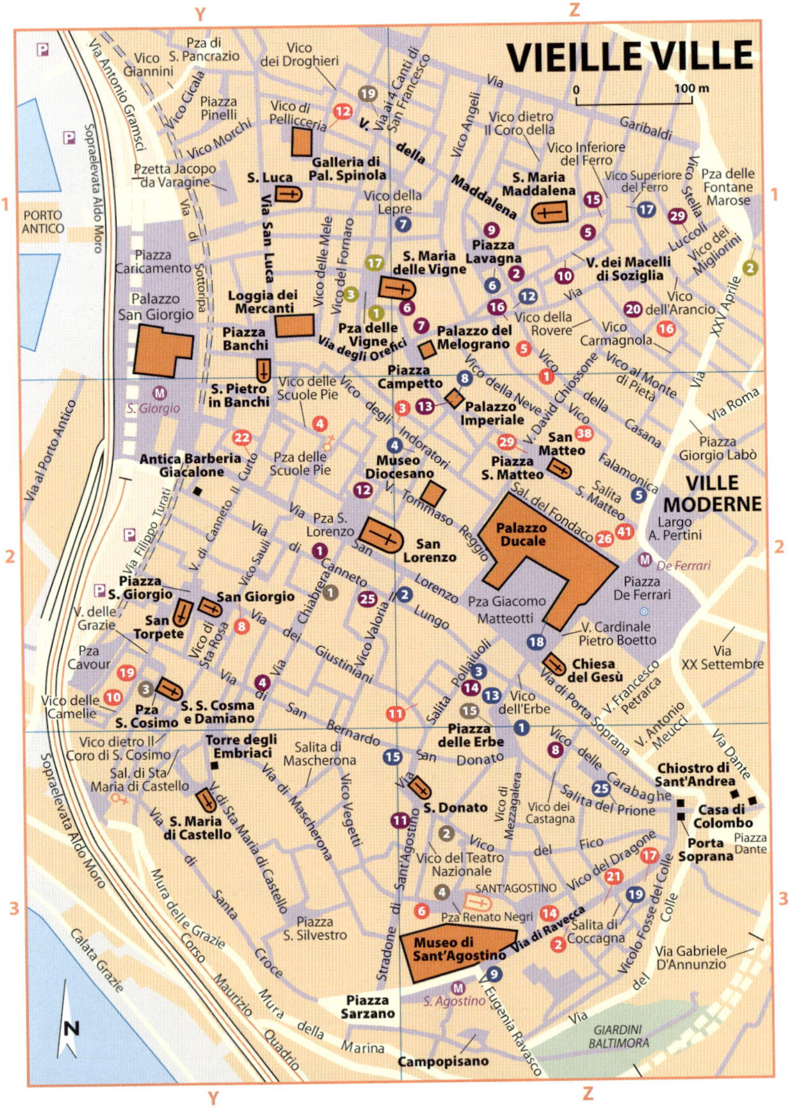
VIEILLE VILLE
0
100 m
Y
Z
1
2
3
N
PORTO ANTICO
Via Antonio Gramsci
Sopraelevata Aldo Moro
Pza di S. Pancrazio
Vico Giannini
Vico Cicala
Piazza Pinelli
Vico Morchi
Vico dei Droghieri
Vico di Pellicceria
Via ai 4 Canti di San Francesco
V. della Maddalena
Vico Angeli
Via Garibaldi
Vico dietro Il Coro della
Vico Inferiore del Ferro
Vico Superiore del Ferro
Vico Stella
Pza delle Fontane Marose
Pzetta Jacopo da Varagine
S. Luca
Galleria di Pal. Spinola
Vico della Lepre
S. Maria Maddalena
Via San Luca
Via di Sottoripa
Piazza Caricamento
Palazzo San Giorgio
Vico delle Mele
Vico del Fornaro
S. Maria delle Vigne
Piazza Lavagna
V. dei Macelli di Soziglia
Luccoli
Vico dei Migliorini
Vico dell'Arancio
Via XXV Aprile
Loggia dei Mercanti
Piazza Banchi
Pza delle Vigne
Via degli Orefici
Palazzo del Melograno
Vico della Rovere
Vico Carmagnola
S. Pietro in Banchi
Vico delle Scuole Pie
Vico degli Indoratori
Piazza Campetto
Palazzo Imperiale
Vico della Neve
Vico al Monte di Pietà
Via Roma
V. David Chiossone
Vico della Casana
Piazza Giorgio Labò
S. Giorgio
Via al Porto Antico
Antica Barberia Giacalone
Pza delle Scuole Pie
Museo Diocesano
San Matteo
Piazza S. Matteo
Falamonica
Salita S. Matteo
VILLE MODERNE
Largo A. Pertini
Via Filippo Turati
V. di Canneto Il Curto
Vico Sauli
V. Tommaso Reggio
Sal. del Fondaco
Palazzo Ducale
Pza S. Lorenzo
San Lorenzo
Via San Lorenzo
De Ferrari
Piazza De Ferrari
Piazza S. Giorgio
San Giorgio
V. delle Grazie
San Torpete
Vico di Sta Rosa
Via di Canneto il Lungo
Vico Chiabrera
Vico Valoria
Pza Giacomo Matteotti
V. Cardinale Pietro Boetto
Via XX Settembre
Pza Cavour
Via dei Giustiniani
Salita Pollaiuoli
Chiesa del Gesù
Via di Porta Soprana
V. Francesco Petrarca
Vico delle Camelie
Pza S. Cosimo
S. S. Cosma e Damiano
Via di San Bernardo
Vico dell'Erbe
Piazza delle Erbe
V. Antonio Meucci
Via Dante
Vico dietro Il Coro di S. Cosimo
Torre degli Embriaci
Salita di Mascherona
Via di Mascherona
Vico Vegetti
Via San Donato
Vico delle Carabaghe
Chiostro di Sant'Andrea
Sal. di Sta Maria di Castello
S. Maria di Castello
V. di Sta Maria di Castello
S. Donato
Vico di Mezzagalera
Vico dei Castagna
Salita del Prione
Casa di Colombo
Porta Soprana
Piazza Dante
Vico del Fico
Vico del Teatro Nazionale
Vico del Dragone
Stradone di Sant'Agostino
SANT'AGOSTINO
Pza Renato Negri
Via di Santa Croce
Mura delle Grazie
Corso Maurizio Quadrio
Calata Grazie
Piazza S. Silvestro
Museo di Sant'Agostino
Via di Ravecca
Salita di Coccagna
Vicolo Fosse del Colle
Via del Colle
Via Gabriele D'Annunzio
Piazza Sarzano
S. Agostino
Via Eugenia Ravasco
Mura della Marina
Campopisano
GIARDINI BALTIMORA

À l'intérieur, de belles salles accueillent les principales expositions de la ville. Les **appartements du doge** conservent des fresques et stucs du 18e s. et la **chapelle★** est revêtue de fresques de G. B. Carlone (1655) qui évoquent l'histoire de Gênes. Voyez aussi les salons néoclassiques du Maggiore et Minor Consiglio.

Chiesa del Gesù (ou des Santi Ambrogio e Andrea) ★★

Z2 *Piazza Matteotti - 7h-13h (dim. 8h), 16h-19h - fermé lun. mat.*

L'église, datée des 6e-7e s., fut entièrement reconstruite par les Jésuites à la fin du 16e s. Joyau du baroque érigé par Pellegrino Tibaldi en 1597, elle recèle un intérieur somptueux en marbre et en stuc doré ainsi que d'importantes œuvres d'art, parmi lesquelles l'*Assomption* de Guido Reni *(3e chapelle à droite)* et deux très belles **toiles★★ de Rubens** (1577-1640) : *La Circoncision*, peinte pour le maître-autel, et *Saint Ignace guérit un possédé (3e chapelle à gauche)*. Autre tableau à ne pas manquer : la belle *Crucifixion* de **Simon Vouet** *(2e chapelle à droite)*.

SE RESTAURER

- Antico Forno della Casana ... 1
- Antico Forno Patrone ... 2
- Ombre Rosse ... 3
- Lo Zimino ... 4
- Tripperia La Casana ... 5
- La Forchetta Curiosa ... 6
- Sa' Pesta ... 8
- Trattoria da Gianna ... 10
- Trattoria Ugo ... 11
- Locanda Spinola ... 12
- RossoCarne ... 14
- La Cantina Clandestina ... 16
- Officina 34 ... 17
- Trattoria delle Grazie ... 19
- E Prïe Rosse ... 21
- Focaccia e Dintorni ... 22
- Trattoria Rosmarino ... 26
- Zupp ... 29
- The Cook ... 38
- Hostaria Ducale ... 41

PRENDRE UN VERRE

- Bar Berto ... 1
- Bar degli Asinelli ... 2
- Caffè degli Specchi ... 3
- Scurreria Beer & Bagel ... 4
- Vedova Romanengo ... 5
- Oosteria ... 6
- La Lepre ... 7
- Les Rouges ... 8
- Metropolitan Cafè ... 9
- Cremeria Buonafede ... 12
- Cremeria delle Erbe ... 13
- U Gelatu do Caruggiu ... 15
- Gelateria Profumo ... 17
- Douce Patisserie Café ... 18
- La Coccagna ... 19
- Honey Bar ... 25

SHOPPING

- Antica Drogheria di Canneto ... 1
- Bottega dello Stoccafisso ... 2
- Antica Drogheria Torielli ... 4
- Gastronomia De Micheli ... 5
- Vezza Boutique ... 6
- Pietro Romanengo fu Stefano ... 7
- Romeo Viganotti ... 8
- Rosso Rubino ... 9
- Almanacco ... 10
- Gianfranco Vanni ... 11
- Giovanni Rivara 1802 ... 12
- Galleria Imperiale ... 13
- Galleria d'arte Il Vicolo ... 14
- La Butteghetta Magica ... 15
- L'Aria del Mare ... 16
- Ceramiche Il Tornesino ... 20
- Il Salotto ... 25
- Urban Suite Gallery ... 29

SORTIR

- Ai Troëggi ... 1
- La Claque ... 2
- Taverna Zaccaria ... 3
- Teatro della Tosse ... 4
- La Libreria di Piazza delle Erbe ... 15
- Malkovich ... 19

SE LOGER

- Palazzo Grillo ... 1
- OStellin Genova Hostel ... 2
- Residenza d'Epoca Le Nuvole ... 3
- B & B Le Coccole ... 17

Cattedrale di San Lorenzo

★★

YZ2 *Piazza San Lorenzo - 8h-12h, 15h-19h.*

Élevée au 12e s. et remaniée jusqu'au 19e s., elle présente une splendide **façade**★★ gothique de style génois (à bandes alternées noires et blanches), où l'on reconnaît l'influence française dans la disposition des portails (13e s.) et de la grande rosace. La tour de gauche, inachevée, est couronnée d'une loge du 15e s., celle de droite (1522) est devenue le campanile. Au portail central figurent des scènes de la vie du Christ et, au tympan, le martyre de saint Laurent. Le personnage à l'angle droit de la façade rappelle l'Ange du cadran solaire de Chartres. Quant aux deux lions majestueux qui flanquent les marches, ils ont été sculptés en 1830 par le génois Carlo Rubatto, dont on peut voir plusieurs œuvres au cimetière de Staglieno (*p. 54*).

Intérieur★ – Vous serez frappé par le contraste entre la sévérité des nefs gothiques du 13e s. à bandes noires et blanches, les dorures baroques du presbytère et de l'abside réalisés au 16e s. par **Galeazzo Alessi** et la blancheur éclatante de la croisée du transept (16e s.) qui illumine tout l'édifice – la coupole est également signée de Galeazzo Alessi. Remarquez comme les colonnes des nefs soutiennent les arcades en pierre grise du matronée (la galerie réservée aux femmes) qui datent du 12e s. Retournez-vous pour regarder la belle fresque byzantine de la contrefaçade, un Jugement dernier peint au début du 14e s. par un peintre anonyme de Constantinople, connu comme le maître de San Salvatore in Chora. C'était un thème souvent représenté à cet endroit au Moyen-Âge, afin d'encourager le fidèle qui sortait à être un bon chrétien. Sur le bas-côté gauche, voyez la somptueuse **chapelle de saint Jean-Baptiste**★★, chef-d'œuvre de Domenico et Elia Gagini (1450). Elle conserve les cendres du saint rapportées en 1098 de Myre, en Asie Mineure, par Guglielmo Embriaco. À côté de l'autel, dans les niches, remarquez les deux belles statues de la Vierge et de saint Jean par le Toscan Sansovino (1467-1529).

La cathédrale conserve aussi des œuvres remarquables de l'école génoise, en particulier les fresques de Luca Cambiaso(1527-1585) sur la voûte de l'absidiole gauche, ainsi que le *Jugement de saint Laurent* et le *Martyre de saint Laurent* de son élève Tavarone (1556-1640), au presbytère. La bombe intacte qui se trouve près de l'entrée, sur le bas-côté droit, a été larguée par les Anglais en 1941.

Montée à la tour –*Accès par le bas-côté droit - 11h30-16h - 5 €.* L'escalier en colimaçon de la tour du campanile mène à la Tribuna del Doge, la tribune réservée au doge et à laquelle il accédait par un passage secret relié directement au palais ducal. De là, **vue**★ plongeante sur la nef de la cathédrale. On atteint ensuite la loggia du 15e s., qui offre un vaste **panorama** sur une partie de la ville.

Museo del Tesoro★ – *Accès par le bas-côté gauche - ✆ 010 209 18 63 - www.museidigenova.it - 9h-12h, 15h-18h - fermé mar. et dim. mat. - 6 €.* L'espace créé en 1956 par l'architecte milanais Franco Albini donne l'impression de pénètrer dans une sorte de catacombe qui recèle de véritables merveilles : le **Sacro Catino**, une coupe hexagonale en verre soufflé du 9e s., rapportée par Guglielmo Embriaco et que la légende identifie comme le Saint Graal ; la croix byzantine des Zaccaria (13e s.) ; un reliquaire byzantin en or serti de pierres précieuses du 12e s. ; la châsse processionnelle en argent, de style gothique international, qui aurait contenu les cendres de saint Jean Baptiste (14e s.) ; un précieux plat en calcédoine du 1er s., changeant de tons selon la lumière et portant en son centre la tête du saint (ajoutée au 15e s.).

Museo diocesano ★

Z2 *Via Tommaso Reggio, 20r - ✆ 010 24 75 127 - www.museodiocesanogenova.it - lun. 10h-13h, jeu.-sam. 14h30-18h - 8 €.*

Le **cloître des Chanoines★** (Chiostro dei Canonici, 12e s.) accueille le musée diocésain d'Art sacré qui présente, au rez-de-chaussée, des peintures principalement génoises des 14e, 15e et 16e s.(la Cène et Dieu le Père bénissant de Luca Cambiaso), ainsi que des objets liturgiques (remarquez l'extrême finesse du devant d'autel représentant la complainte sur le Christ mort, du début du 16e s.). La section **Blu di Genova★**, à l'entresol, expose 14 scènes de la Passion (16e-18e s.) peintes sur une toile qui était accrochée à l'intérieur de l'abbaye San Niccoló del Boschetto lors du Carême. Ce type de toile bleu indigo, très résistante, servait à recouvrir les marchandises sur les bateaux et serait l'ancêtre du **« blue jean »,** comme son nom l'indique ! (*p. 149*).

Au 1er étage, la visite se poursuit dans les anciennes cellules des chanoines où sont exposés quelques beaux tableaux, dont la *Mort de sainte Scholastique*,

Les échoppes historiques

Comme d'autres villes italiennes, Gênes possède son « Albo regionale delle botteghe storiche » (liste régionale des échoppes historiques - *www.botteghestorichegenova.it*). Une quarantaine de boutiques y figurent déjà. En dehors de l'ancienneté, de la qualité de l'architecture, du mobilier et des équipements, le critère essentiel est d'exercer la même activité depuis au moins 50 ans. Aucun commerce en particulier n'est privilégié. Sur la liste génoise figurent pâtisseries, cafés, magasins d'habillement, pharmacies et drogueries, mais aussi un barbier, une boucherie et une triperie. L'office de tourisme organise des visites *(mars-déc. : vend. apr.-midi - ✆ 349 809 16 82 - www.botteghestorichegenova.it)*. Les **botteghe storiche** citées dans notre carnet d'adresses sont : Antica Barberia Giacalone *(p. 28)* ; Drogheria Torielli *(p. 101)* ; Pasticceria Liquoreria Marescotti *(p. 96)* ; Pasticceria Profumo *(p. 103)* ; Pietro Romanengo fu Stefano *(p. 101)* ; Romeo Viganotti *(p. 102)* ; Sa' Pesta *(p. 83)* ; Tripperia La Casana *(p. 83)*, Giovanni Rivara 1802 *(p. 103)* et Finollo *(p. 104)*.

chef-d'œuvre de Gregorio De Ferrari (1647-1726). La deuxième salle conserve encore quelques scènes d'une frise représentant le « cycle des mois » (13e s.). Avant de partir, observez les fresques du cloître, en particulier la grande fresque de la consécration de San Lorenzo.

Piazza San Matteo ★

Z2 La République maritime de Gênes était une oligarchie de marchands, dont l'organisation politique se reflète dans le tracé urbanistique de la vieille ville : pas de grande place centrale, mais une division en plusieurs quartiers contrôlés par les grandes familles (Fieschi, Grimaldi, Doria, Spinola, Pallavicino), chacun organisé autour d'une place et d'une église. L'harmonieuse Piazza San Matteo, fief des **Doria**, est bordée par les résidences bâties pour la famille entre le 13e et le 15e s., et caractérisées par leur décoration de bandes alternées noires et blanches. Notez, au no 17, le palais Renaissance offert par la commune de Gênes à Andrea Doria en 1528.

San Matteo

Z2 *Tlj sf lun. 10h-12h, 15h-19h (dim. 9h).*
L'église, ancienne chapelle nobiliaire de la famille Doria, présente une façade romane de style génois (alternance d'assises noires et blanches). À gauche de la façade, on peut admirer, à travers la grille, le gracieux cloître datant du 14e s.
L'intérieur est décoré de **fresques**★ de Luca Cambiaso (16e s.). Dans la crypte *(pour la visite, s'adresser au gardien)*, est conservé le tombeau d'**Andrea Doria**, dont l'épée se trouve dans le mur du fond du bas-côté gauche.

Piazza Campetto

Z1-2 Sur cette place à la forme irrégulière et allongée, jadis champ *(campo)* des forgerons, s'élève le **Palazzo Imperiale** (*au no 8*, 1650) à la façade décorée de stucs peints. Il appartenait aux Imperiale, l'une des grandes familles génoises qui fit bâtir aussi le **Palazzo del Melograno** *(au no 2)* ; ce dernier doit son nom au grenadier qui pousse en façade. Aujourd'hui, il abrite un grand magasin de prêt-à-porter, mais on peut toujours y voir un *Hercule* en marbre du 17e s., œuvre de Filippo Parodi et, à l'étage, des salles décorées de fresques ainsi qu'une petite chapelle votive.
De la Piazza Campetto démarre la **Via degli Orefici** (la rue des Orfèvres), ruelle très animée qui compte plusieurs édicules votifs.

Santa Maria delle Vigne ★

YZ1 *Piazza delle Vigne - 9h-19h.*
La **Piazza delle Vigne** doit son nom aux vignes qui y étaient cultivées au Moyen Âge. Du parvis, on jouit d'une belle vue sur les façades décorées des bâtiments du 15e s., qui abritent des hôtels de charme. L'église, dont les origines datent du 10e s., ne conserve de cette époque que le campanile, visible de la ruelle sur son flanc gauche *(Vico Campanile delle Vigne)*. Ici, sous le passage voûté, est incrustée dans le mur une copie du sarcophage du 2e s. utilisé comme monument funéraire d'Anselmo d'Incisa (1304), médecin du pape Boniface VIII

(1235-1303) – l'original se trouve au Museo Diocesano. L'**intérieur**, remanié aux 16e-17e s., conserve de belles fresques de Lazzaro Tavarone et Domenico Piola, des toiles de grands protagonistes du baroque génois (*Saint Michel terrassant Lucifer*, de Gregorio de Ferrari, une Vierge à l'Enfant par Taddeo di Bartolo (1398, *au fond du bas-côté droit*) et, dans le bas-côté gauche, une belle croix d'un maître siennois du 12e-13e s. Le maître-autel a été réalisé sur un dessin de Pierre Puget (1620-1694). Ce dernier, qu'on appelait le Bernin français, a beaucoup travaillé à Gênes (*Santa Maria Assunta di Carignano p. 50*). Le vico Campanile delle Vigne *(flanc gauche de l'église)* puis le Vico Dietro il Coro delle Vigne mènent à la vivante **Via dei Macelli di Soziglia**, anciennement siège des abattoirs (les *macelli*), qui pullule aujourd'hui de petits commerces et jolies boutiques. Prenez-la à gauche. Un peu plus loin sur la gauche, le Vico Lavagna conduit à la pittoresque **Piazza Lavagna**, très prisée à l'heure de l'apéritif. Revenez sur la Via Macelli di Soziglia et continuez votre chemin jusqu'à trouver sur votre gauche la Via della Maddalena qui mène à la place du même nom.

Santa Maria Maddalena

Z1 L'église **Santa Maria Maddalena**, avec son porche à colonnes (1911) joliment surmonté d'une terrasse à balustrade, a été fondée au 10e s. Complètement reconstruite aux 16e et 17e s., c'est un bel exemple du baroque génois, où l'on retrouve les grands noms de l'école génoise : Paolo Gerolamo Piola, le fils de Domenico, et les frères Giovanni Battista et Domenico Parodi.

Galleria Nazionale di Palazzo Spinola ★★

Y1 *Piazza Pellicceria, 1 - ✆ 010 27 05 300 - www.palazzospinola.beniculturali.it - 8h30-19h30 - fermé lun.-mar. et dim., sf 1er dim. du mois (13h30-19h) - 10 €, billet combiné avec le Palazzo Reale.*

Le palais, édifié à la fin du 16e s. par la famille Grimaldi, a ensuite été habité successivement par les Pallavicino, les Doria et les Spinola. Il a conservé sa décoration intérieure d'origine : les œuvres qui y sont réunies et le mobilier d'époque composent un très bel ensemble. Les deux étages nobles constituent un magnifique exemple de demeure du 17e s. *(1er étage)* et 18e s. *(2e étage)*, permettant de suivre l'évolution du mobilier et de la décoration, du style riche et chargé du 17e s. à celui, plus aéré, du 18e s. Les 3e et 4e étages, détruits lors de la Seconde Guerre mondiale, ont été reconstruits. Avant le 1er étage, l'**appartement du Marquis** abrite une série de tableaux de Gregorio de Ferrari (1644-1726), l'une des dernières acquisitions de la Galerie. Arrivé au 1er étage, on admire, sous les **plafonds★** baroques de Lazzaro Tavarone (17e s.), de beaux tableaux comme le charmant *Portrait d'Ansaldo Pallavicino* de Van Dyck. Entre les deux étages, on visite la cuisine.

Le 2e étage, aux **plafonds★** peints par Lorenzo De Ferrari, accueille des œuvres de Luca Cambiaso, Luca Giordano, Bernardo Strozzi, Guido Reni

(L'Amour sacré et l'Amour profane) et Joos Van Cleve (**Vierge★**). Puis on rejoint l'élégante et raffinée **Galleria degli Specchi★★** (galerie des Glaces), une réalisation de Lorenzo De Ferrari pour Maddalena Doria.
La mezzanine entre le 2e et le 3e étage expose une collection de délicieuses **veilleuses** du 19e s.
Le 3e étage rassemble des **œuvres★** d'artistes de la Renaissance italienne et flamande, comme celles de Pierre Paul Rubens (**Portrait équestre de Giovanni Carlo Doria★**), d'Orazio Gentileschi *(Sacrifice d'Isaac)*, du Tintoret *(Portrait de Scipione Clusone)* et, la plus fameuse de la collection, le douloureux **Ecce Homo★** d'**Antonello da Messina**.
Au 4e étage, enfin, belle collection de tissus et céramiques.

Via San Luca ★

Y1 Depuis le Moyen Âge, c'est la rue principale du vieux Gênes, un *caruggio* parallèle au port qui traverse un quartier que se disputaient les familles Spinola et Grimaldi. La rue est bordée par de somptueux palais bâtis aux 16e-17e s. Érigée par les Spinola à la fin du 12e s. et remaniée au 17e s., l'église **San Luca** *(8h-12h, 15h-19h)*, décorée de **fresques★** de Domenico Piola, conserve une belle Nativité du Génois Grechetto et l'Immaculée Conception du sculpteur Filippo Parodi (1630-1702).

Piazza Banchi ★

Y1 Centre du commerce génois jusqu'au 19e s., cette place doit son nom aux changeurs de monnaies qui, au Moyen Âge, y avaient leurs comptoirs, appelés « banchi » et qui a donné le mot banquier. C'est ici que se tenait le marché du blé et qu'au 16e s. a été construite la **Loggia dei Mercanti** (loge des Marchands). Celle-ci devint en 1855 le siège de la Bourse de Gênes, première d'Italie, jusqu'à son transfert à la piazza De Ferrari en 1922. Elle sert aujourd'hui de salle d'exposition.

San Pietro in Banchi

Y1-2 *10h-19h.* La place est dominée par cette étonnante église surélevée, à la façade peinte en trompe-l'œil. Les commerces du rez-de-chaussée, sur lesquels elle a été bâtie en 1572, ont permis de financer sa construction. L'**intérieur★** de l'édifice, revêtu de marbre blanc, est très harmonieux et conserve dans le presbytère de remarquables bas-reliefs en stuc qui représentent la Passion du Christ et la remise des clefs à saint Pierre. Ils sont l'œuvre de Marcello Sparzo, le même artiste qui a réalisé les stucs du Palazzo Nicolosio Lomellino de la Via Garibaldi *(p. 37)* et ceux de la Villa del Principe *(p. 45)*.

Antica Barberia Giacalone ★

Y2 *Vico Caprettari, 14 - 010 25 67 91 - mar.-sam. 9h30-13h, 14h-18h30.*
Après le croisement de la Via Canneto il Curto avec la Via San Lorenzo, un petit détour à droite sur le Vico Caprettari vous révèle cette superbe boutique de barbier (1882), grande comme un mouchoir de poche (10 m^2). Ce joyau Art déco, restauré grâce au FAI (Fondo per l'Ambiente Italiano), a conservé un plafond en verre soufflé, des lampes à gaz et des lavabos en marbre.

Piazza San Giorgio

Y2 Cette toute petite place était très importante. Située sur l'ancien site du forum de la cité romaine, elle servait de point de départ pour la mesure des distances sur les voies Aurelia et Postumia qui se croisaient à cet endroit. Après la chute de l'Empire romain et jusqu'à la fin du Moyen Âge, on a continué à y traiter toutes les affaires de la ville et à tenir un marché très florissant. Elle est bordée de deux églises, l'une verte, l'autre jaune, qui occupent presque tout l'espace. L'élégante **San Giorgio**, à la façade ondulée, a été fondée au 10e s., et reconstruite au 18e s. (*ne se visite pas*).
San Torpete, édifiée au 12e s. et reconstruite au 18e s., fut la chapelle de la famille Cattaneo della Volta, de riches marchands dont les commerces s'étiraient jusqu'à St-Tropez (en italien, San Torpete), ville que les familles génoises contribuèrent à peupler et à développer au 15e s.

Santi Cosma e Damiano

Y2 *Piazza di San Cosimo - jeu.-sam. 15h30-18h30.*
Cette église a été érigée aux 11e et 12e s. sur les fondations d'un oratoire byzantin. Elle mérite une visite pour ses belles colonnes bicolores et quelques œuvres importantes : l'Immaculée Conception de PIerre Puget et *La Vierge à l'Enfant avec les saints Côme et Damien* de Gioacchino Assereto (1600-1649), l'un des plus grands représentants de la peinture baroque génoise.

FotoGablitz/Getty Images Plus

Piazza Banchi et église San Pietro.

Santa Maria di Castello ★

Y3 *Salita di Santa Maria di Castello, 15 - ✆ 347 99 56 740 - www.santamariadicastello.it - 10h-13h, 15h-18h (dim. fermé 11h-12h).*
La colline de **Castello** est le site de l'ancien *castrum* romain, autour duquel se développa le premier noyau de la ville médiévale. Joyau de l'art roman, l'église fut construite au 12e s. par des maîtres maçons et des entrepreneurs originaires de Côme, sur les vestiges d'une église plus ancienne. Elle fut ensuite remaniée lors de la construction du couvent au 15e s. La nef, très sobre, est flanquée de chapelles des 15e et 17e s. et conserve des colonnes et des chapiteaux romains du 3e s. Parmi les œuvres

conservées, un crucifix en bois du 13e s., le *Cristo moro*, rapporté de Terre sainte lors de la première croisade, est particulièrement vénéré et fait l'objet des nombreux ex-voto exposés dans le musée. Regardez également, dans la 3e chapelle du bas-côté gauche, le magnifique polyptyque de l'Annonciation de Giovanni Mazzone (1469).
Le couvent adjacent, qui s'articule autour de trois cloîtres, accueille un **musée** abritant des sculptures, des tableaux (*Paradis* et *Conversion de saint Paul* de Ludovico Brea, Vierge à l'Enfant de Barnaba da Modena, 1370), des tissus, des objets d'art sacré et une collection d'ex-voto.
Ne manquez pas, dans la loge du deuxième cloître, la fresque de l'Annonciation de Joos de Ravensburg (1451 env.).
Avant de partir faites un tour dans le petit jardin **fleuri** : c'est un véritable havre de paix en plein cœur de la ville.

Torre degli Embriaci

Y3 Cette tour est la plus haute de la ville et la seule autorisée à excéder les 80 m de haut, hauteur maximale stipulée par l'ordonnance de 1196.
Elle fut érigée à la mémoire de Guglielmo Embriaco, celui-là même qui rapporta des croisades les cendres de saint-Jean Baptiste et le Sacro Catino, conservé dans le trésor de la cathédrale San Lorenzo *(**p. 24**)*.

San Donato ★

Z3 *Via San Donato, 10 - 10h-12h, 15h-18h30, dim. 9h-12h.*
Érigée aux 12e et 13e s., cette église de style roman a conservé un ravissant **campanile★** octogonal qui a inspiré la forme du gratte-ciel Matitone à Sampierdarena *(**p. 19**)*.
Sur le côté droit, un élégant édicule du 18e s. recèle une Vierge à l'Enfant du 17e s.
L'intérieur abrite de nombreuses œuvres d'art. La chapelle, au fond du bas-côté droit, expose une belle Vierge à l'Enfant (1401) de Nicolò da Voltri. Dans le bas-côté gauche, l'Oratorio di San Giuseppe abrite la perle de l'église, le somptueux polyptyque de l'**Adoration des Mages★★** de **Joos Van Cleve** (1515), aux côtés d'une belle Vierge de Barnaba da Modena (1300) et d'une Sainte Famille du peintre baroque Domenico Piola (1627-1703).

Piazza Sarzano

Y3 Après une longue période d'abandon, la place a fait peau neuve dans les années 1990, lors de la création de la faculté d'architecture sur les vestiges du monastère San Silvestro (17e s.) et de l'ancienne église San Salvatore. Tout proche, le **Teatro della Tosse** *(Piazza Renato Negri, 6)*, très actif et novateur, contribue aussi à donner un nouveau souffle au quartier. Particulièrement animé le soir et le week-end, c'est l'un des hauts lieux de la *movida* génoise *(**« Sortir », p. 108**)*.
En contrebas, **Campopisano** est une placette pleine de poésie, pavée d'une calade *a risseu*. Son nom vient du *camposanto* (cimetière) qui se trouvait dans ce quartier, où furent ensevelis les Pisans prisonniers des Génois, après la bataille de la Meloria, le 6 août 1264.

De la Piazza Sarzano, une montée de quelques minutes sur la Via Eugenia Ravasco (d'où l'on aperçoit des bastions bâtis pour lutter contre Frédéric Barberousse en 1155) vous conduit à la basilica di **Santa Maria Assunta di Carignano** (*p. 50*).

Museo di Sant'Agostino ★

Z3 *Piazza Sarzano, 35 - 010 25 11 263 - www.museidigenova.it - fermé pour travaux, se rens.*

L'ancien couvent des Augustins, avec son église du 13e s. (aujourd'hui auditorium) et son cloître triangulaire caractéristique, abrite un riche **musée** dont le bijou est le précieux **Pallio di San Lorenzo★★** (13e s.), un tissu ouvragé offert en 1261 par l'empereur byzantin à la République de Gênes. Ses collections réunissent sinon fragments et sculptures (11e au 17e s.) provenant d'édifices religieux détruits et de demeures privées, tel le **Monument de Marguerite de Brabant★** par Giovanni Pisano (14e s.), ainsi que des peintures d'artistes ayant travaillé à Gênes et en Ligurie entre le 13e et le 16e s.

Porta Soprana ★

Z3 *www.museidigenova.it - avr.-oct. : tlj sf lun. 10h-18h (19h dim.) ; reste de l'année : se rens. - 3 € billet combiné avec Casa di Colombo et Chiostro di Sant'Andrea.*

En plongeant dans l'animation de la **Via di Ravecca**, bordée de cafés, de bistrots et de boutiques, on atteint la Porta Soprana (ou Porta di Sant'Andrea), l'une des plus anciennes entrées de la ville (12e s.), caractérisée par ses élégantes tours jumelles. La porte fait partie des remparts bâtis pour défendre la ville des attaques de Frédéric Ier Barberousse. Elle constitue le pendant de la Porta dei Vacca, à l'ouest (*p. 42*).

Casa di Colombo

Z3 *Vico Dritto Ponticello - 010 44 90 128 - 11h-18h (17h avr. et sept.-oct.) ; nov.-mars : mar.-jeu. 11h-15h, vend.-dim. 10h-16h - fermé lun. - 3 € billet combiné avec Porta Soprana et Chiostro di Sant'Andrea.*

Au-delà de la porte se trouve la maison dite de **Christophe Colomb**, né à Gênes en 1451. Il s'agit en réalité d'une reconstruction réalisée au 18e s. à l'emplacement présumé de la modeste demeure du navigateur. Juste derrière, l'élégant **cloître de Sant'Andrea** (12e s.) est le seul vestige d'un monastère bénédictin démoli lors de la construction de la partie nouvelle de la ville dans les années 1930.

Piazza delle Erbe

Z2-3 La Salita del Prione conduit à cette place, lieu de sortie des jeunes Génois le soir. Aux beaux jours, la foule est si compacte qu'il est impossible de s'asseoir en terrasse ou même de se frayer un passage dans les ruelles alentour.

Gênes du Siècle d'or★★★

« L'or naît aux Indes occidentales, meurt en Espagne, est enseveli à Gênes » : le grand écrivain espagnol Quevedo (1580-1645) avait vu juste. Grâce à son rôle de banquier de Charles Quint, mais aussi au génie politique du grand amiral Andrea Doria, Gênes a connu entre 1550 et 1650 un âge d'or qui lui valut le surnom mérité de Superba, l'orgueilleuse. En quelques années furent édifiées les demeures des grandes familles génoises, soit une centaine de palais somptueux concentrés sur la Via Garibaldi (ex-Strada Nuova) ou la Via Balbi et organisés dès 1576 en Rolli, un réseau d'hébergement pour les hôtes de marque. Ils suscitèrent l'enthousiasme de Rubens lors de ses séjours en ville. 42 sont à ce jour inscrits au Patrimoine mondial de l'Unesco.

▶**Accès :** M De Ferrari et Darsena ou gare Principe.

Plan de quartier p. 34-35. Plan détachable CD4-5 EF-5.

▶**Conseils :** la plupart des palais de la Via Garibaldi étant occupés par des bureaux ou des banques, ils sont plus facilement accessibles en semaine, pour jeter un œil à l'intérieur,... sauf le lundi, jour de fermeture hebdomadaire des trois musées de Strada Nuova. Le mieux est de profiter de l'occasion unique des **Rolli Days**, quand tous ces palais extraordinaires sont ouverts et gratuits. *« Visites », p. 126.* Comptez une bonne demi-journée avec les musées.

Office de tourisme IAT - Via Garibaldi, 12r - 010 55 72 903 - 9h-18h20.

Nos adresses p. 86, 96, 103, 109 et 111.

Piazza Fontane Marose

Cette place asymétrique est entourée de plusieurs bâtiments remarquables : notez, au n° 2, la façade peinte à fresque du **Palazzo Interiano Pallavicino** (1565) et le beau **Palazzo Spinola dei Marmi** (1445-1459), bicolore, occupé par l'établissement bancaire Banco di Sardegna.

Au nord de la place, par la Via Interiano, on atteint la Piazza Portello d'où part l'ascenseur qui monte à **Castelletto** (*p. 52*).

Via Garibaldi - Strada nuova ★★★

La Strada Nuova, seule rue droite de Gênes dont madame de Staël disait qu'elle était « la rue des rois et la reine des rues », date de 1551. À l'époque, désireux de construire un quartier de représentation, le gouvernement de la ville décide de démolir un bourg de la colline du Castelletto et d'ouvrir une rue, divisée en lots vendus aux grandes familles de l'aristocratie génoise. Les Spinola, les Lomellini et les Grimaldi y

SE RESTAURER

Trattoria dell'Acciughetta 7
I Canovacci 15
Bella Bu 20
A Cornabuggia 25
Taggiôu 39

PRENDRE UN VERRE

La Iacona 16
Cambi Café 20
Bar Gelateria Don Paolo 24
Pasticceria Liquoreria Marescotti 26
Gelatina 27

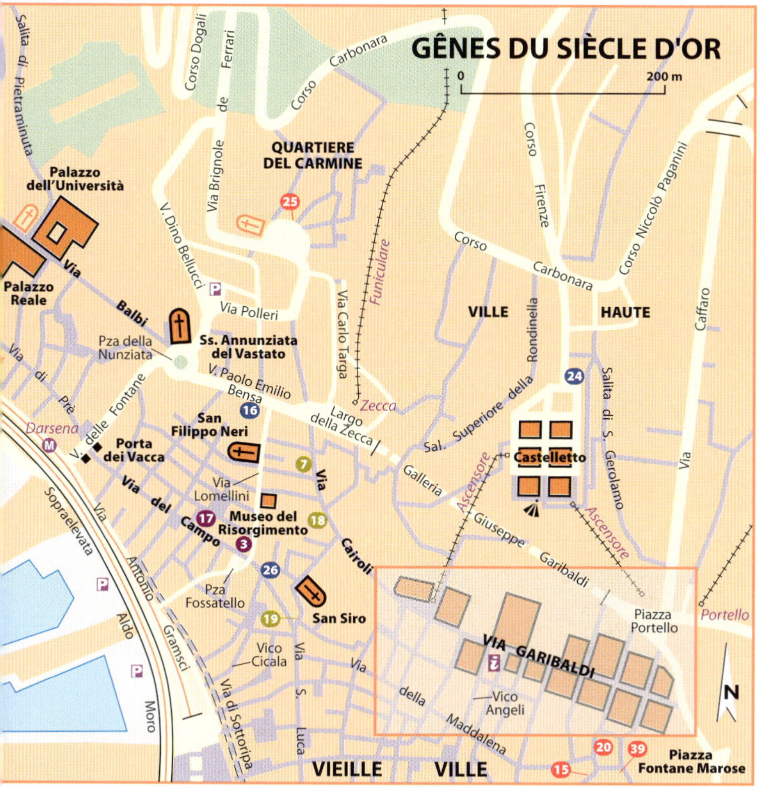

SHOPPING

Cacio e Pepe 3
Via del Campo 29r 17
Pasticceria Profumo 18
Via Garibaldi 12 19

SORTIR

Count Basie - Jazz Club 6

SE LOGER

Hotel Cairoli 7
Hotel Nuovo Nord 8
Grand Hotel Savoia 16
B & B Casa Ramé 18
Dimora Almayer 19

bâtirent alors des résidences édifiées par les plus grands architectes et décorées par les artistes les plus célèbres de l'époque. C'est le premier exemple de projet d'urbanisme global réalisé en Europe.

Tout d'abord nommée **Strada Nuova**, puis Via Aurea et, enfin, Via Garibaldi après l'unification italienne, cette rue, à l'origine fermée aux deux extrémités, est bordée de somptueux palais qui en font l'une des plus belles rues d'Italie. L'édification de cette rue fit grand bruit dans toute l'Europe. Les dessins que Rubens réalisa au cours de ses séjours à Gênes sont en grande partie consacrés aux palais de cette rue, synonyme de beauté et de monumentalité. *La plus belle rue du monde, p. 144.*

Trois palais de cette rue – Tursi, Bianco et Rosso – abritent des salles d'expositions regroupées au sein des **Musei di Strada Nuova★★** (*p. 38*). Les autres palais n'ouvrent au public qu'à l'occasion d'événements ponctuels, comme les **Rolli Days** (*p. 126*). Cependant, en temps normal, il est possible de jeter un œil à l'intérieur en demandant à l'accueil, car beaucoup d'entre eux abritent des bureaux ou des banques.

Nº 1. Palazzo Agostino Pallavicini *(Unicredit)* – Sa réalisation fut confiée à l'architecte Galeazzo Alessi en 1558. Il fut le premier édifice bâti sur la Strada Nuova et passa aux mains de la famille Cambiaso au 18e s.

Nº 2. Palazzo Pantaleo Spinola *(Banco di Chiavari e della Riviera Ligure)* – Il fut édifié entre 1558 et 1564. La sobriété de la façade est contrebalancée par la magnificence des décorations intérieures (fresques du 17e s. de Giovanni Carlone et Domenico Piola).

Nº 3. Palazzo Lercari Parodi – Il fut conçu par Taddeo Carlone en 1571 à la demande du riche banquier Franco Lercari. Encadrant le portique, les deux télamons au nez tronqué de la façade renvoient à la légende selon laquelle Mergollo Lercari, ancêtre de Franco, se vengeait des traîtres en leur coupant le nez et les oreilles. Le palais fut acheté par Bartolomeo Parodi en 1845. Le 2e étage abrite la grandiose

Les palais dei Rolli

En 1576, le Sénat de la cité décrète la création des Rolli, listes de luxueuses résidences privées que leurs propriétaires devaient mettre à disposition de la République de Gênes pour recevoir les visiteurs d'État et les délégations étrangères. Les cent cinquante demeures sélectionnées (principalement situées sur la Via Garibaldi et la Via Balbi) se divisaient en trois catégories, selon leur importance et leur beauté. Les papes et les empereurs pouvaient être hébergés seulement dans trois demeures : le Palazzo Lercari et le Palazzo Tursi sur la Via Garibaldi, le Palazzo Doria Spinola (aujourd'hui siège de la préfecture) sur la Via Roma. Sur les 150 palais, 42 d'entre eux ont été inscrits au Patrimoine mondial de l'UNESCO *(www.rolliestradenuove.it)*. Pour en savoir plus sur les visites des palais des Rolli, *voir p. 126*.

fresque représentant le *Fondaco di Trebisonda*, à travers laquelle **Luca Cambiaso** célèbre en réalité l'édification du palais Lercari dans la Strada Nuova.

Nº 4. Palazzo Tobia Pallavicino *(Camera di Commercio) – Visite libre lun.-vend. 9h-17h.* Il fut réalisé en 1558 par Giovanni Battista Castello, dit **le Bergamasque**, pour le riche Tobia Pallavicino, qui détenait le monopole de l'alun de la Tolfa, utilisé pour la teinture, et fut l'un des plus puissants commerçants du 16e s. Grâce à son entregent, il fut avec Gerolamo Lomellino ambassadeur à la cour de Catherine de Médicis en France. Le palais cache un joli vestibule orné de grotesques, suivi du grand salon, qui s'ouvrait autrefois sur un jardin, sacrifié au 18e s. pour agrandir le palais. À l'étage se trouvent l'ancienne chapelle et une éblouissante **Galleria Dorata★**, réalisées au 18e s. par Lorenzo De Ferrari. La ville abrite deux autres galeries de ce genre, au Palazzo Spinola *(p. 27)* et au Palazzo Reale *(p. 44)*.

Nº 5. Palazzo Angelo Giovanni Spinola *(Deutsche Bank)* – Commissionné en 1558, il présente une belle façade décorée de fresques. L'atrium et l'escalier sont généralement accessibles au public.

Nº 6. Palazzo Giovan Battista Spinola Doria – Giovanni Battista et Andrea Spinola en confièrent l'édification à l'architecte Bernardino Cantone. La propriété passa vers 1723 aux mains de la famille Doria, à qui elle appartient toujours. Dans l'atrium de l'entrée, on peut voir une lampe avec un aigle, symbole des Doria.

Nº 7. Palazzo Nicolosio Lomellino★ – *010 09 83 860 - www.palazzolomellino.org - ouv. lors d'expositions temporaires et 25-26 déc., 1er janv. (apr.-midi), dim. et lun. de Pâques, 25 avr., 2 juin, 15 août, 1er nov. et 8 déc. - visite guidée le 1er sam. du mois - 10h-18h - 8 €.* Aussi appelé Palazzo Podestà, il a été commissionné par Nicolosio Lomellino à G. B. Castello en 1563 et se distingue des autres palais par sa **façade★** ornée de stucs, et par son beau **nymphée★** au fond de la cour. Au 1er étage, des fresques de Bernardo Strozzi (1581-1644) ont été redécouvertes en 2002, à l'occasion d'une restauration : allusions à la découverte de l'Amérique, allégories de la Navigation et de l'Astrologie.

Nos 8 et 10. Palazzo Cattaneo Adorno – Bâti à la demande de Lazzaro et Giacomo Spinola en 1583, il compte deux entrées principales, correspondant respectivement aux deux ailes distinctes : celle de l'ouest, propriété de la famille Adorno depuis trois siècles, comporte des fresques de Lazzaro Tavarone, tandis que l'aile orientale appartient depuis la fin du 19e s. à la famille Cattaneo.

Nº 9. Palazzo Nicolò Grimaldi - Palazzo Tursi★★ – Avec sa façade trois fois plus longue que celle des palais érigés à la même époque et ayant deux jardins en terrasses sur les côtés, il fut commissionné par Nicolò Grimaldi, le plus important banquier du roi d'Espagne Philippe II. Il passa à Giovanni Andrea Doria en 1596, fut acheté par la famille de Savoie en 1820, et finalement acquis par la municipalité de Gênes en 1848. Il est orné d'une belle cour à arcades. Le premier étage du palais fait partie du complexe des musées de la Strada Nuova (p. 38).

Nº 12. Palazzo Campanella – Entrepris à la demande de Baldassare Lomellino en 1562, il fut considérablement remanié au 18e s., selon les souhaits de son propriétaire de l'époque, Cristoforo Spinola, ambassadeur de la République de Gênes en France. Il confia la restructuration de l'intérieur du palais à Charles de Wailly, architecte à la cour de Versailles. Le premier étage accueille un magasin de design d'intérieur, le Via Garibaldi 12 (*« Shopping », p. 103)*, lové dans les salons recouverts de fresques et de stucs dorés… Immanquable !

Nº 11. Palazzo Luca Grimaldi - Palazzo Bianco★★ – Il occupe l'emplacement d'un palais plus ancien, érigé entre 1530 et 1540 par Luca Grimaldi, membre de l'une des plus importantes familles génoises. Mais l'édifice actuel doit sa réalisation à Maria Durazzo Brignole-Sale, qui chargea Giacomo Viano de sa reconstruction au début du 18e s. Il doit son nom à sa couleur blanche, en contraste avec le Palazzo Rosso voisin. Il fait aujourd'hui partie des musées de la Strada Nuova *(voir ci-dessous)*.

Nos 14 et 16. Palazzo delle Torrette – Il fut édifié en 1716 pour masquer la vue sur les maisons médiévales.

Nº 18. Palazzo Brignole-Sale - Palazzo Rosso★★ – Commandé par les frères Rodolfo et Giovanni Brignole Sale en 1671, le palais fut conçu comme une double résidence établie autour d'une cour. En 1874, il fut légué à la ville, avec ses collections d'art, par la dernière héritière de la famille, la duchesse Maria Brignole-Sale *(encadré)*. Il abrite une remarquable **pinacothèque**, et fait partie du circuit des musées de la Strada Nuova *(ci-dessous)*.

Musei di Strada Nuova ★★

Billetterie : Via Garibaldi, 9 - ✆ 010 27 59 185 - www.museidigenova.it - avr.-sept. : 9h-19h, w.-end 10h-19h30 ;

La duchesse et le philatéliste

Unique héritière d'une famille extrêmement riche, francophile, amie des Orléans, la duchesse **Maria Brignole-Sale de Ferrari** (1811-1888) possédait la moitié de la ville de Gênes ainsi que l'hôtel Matignon à Paris. À la mort de son mari, Raffaele de Ferrari, duc de Galliera, elle décida de dépenser sa fortune comme elle l'entendait : en France, elle fonda ainsi l'orphelinat de Meudon, l'orphelinat Saint-Philippe (actuelle Fondation des Orphelins Apprentis d'Auteuil), l'Hospice Ferrari à Clamart, elle finança l'École des Sciences politiques de Paris, futur Sciences-po, fit construire le palais Galliera pour en faire don à la ville de Paris… À Gênes, elle créa entre autres le principal hôpital de la ville (ospedale Galliera), contribua à la reconstruction du port et, surtout, légua à la municipalité les Palazzi Rosso et Bianco avec leurs collections *(ci-contre)*. Curieusement, ce fabuleux héritage ne revint pas à son fils Philippe, personnage fantasque et obsessionnel qui préféra renoncer à cette fortune pour se consacrer à… sa collection de timbres – l'une des plus précieuses de l'époque.

R. Mattes/hemis.fr

Une salle du Palazzo Bianco.

oct.-mars : 9h-18h30, w.-end 9h30-18h30 - fermé lun. - billet trois musées 9 €. Ordre de visite : Palazzo Rosso, Palazzo Bianco et Palazzo Tursi. Comptez 3h pour les trois musées.

Ce complexe est né de la donation exceptionnelle, faite à la ville par la duchesse Maria Brignole-Sale De Ferrari, du Palazzo Rosso en 1874 et du Palazzo Bianco en 1884 avec leurs collections, ainsi que de la volonté de l'administration municipale de destiner l'étage noble du Palazzo Tursi à un usage muséographique.

Palazzo Rosso – *Via Garibaldi, 18.* Le palais s'ordonne selon un plan en U fermé par une galerie d'arcades sur deux étages.

Ce musée remarquable expose au **1er étage** des œuvres italiennes et flamandes des 16e-17e s. Parmi les plus importantes, ne manquez pas la Vierge à l'Enfant de Palma le Vieux et *Judith et Holopherne* de Véronèse *(salle 3)*, le Saint Sébastien de Guido Reni *(salle 4)*, et dans la salle suivante *Le Père éternel avec un angelot* et *La Mort de Cléopâtre* du Guerchin. La salle 6 présente la *Résurrection de Lazare* de Mattia Preti et un intéressant *Philosophe de l'école cynique* de Francesco Fracanzano. Enfin, dans la salle 7 se trouve la très pétulante *Cuoca* (cuisinière) de Bernardo Strozzi ainsi qu'une *Vierge avec l'Enfant Jésus et saint Jean Baptiste*. À partir de la salle 13 commence la section de la peinture

flamande, avec en particulier le *Portait de jeune vénitien* de Dürer *(salle 13)* et les *Patineurs sur glace* de Jan Wildens *(salle 14)*.
Montez au **2e étage** (en mezzanine). Vous y découvrirez une suite de salles au plafond très bas et couvertes de fresques par Gregorio de Ferrari (1644-1726) et Domenico Parodi (1668-1740). C'était l'appartement privé d'Anton Giulio II Brignole, écrivain, sénateur et diplomate de renom, qui ordonna l'aménagement de cet espace à partir de 1705. Remarquez la Grotta, décorée par Parodi *(2e salle)* et la très baroque chambre à coucher.
Au **3e étage**, après la splendide *alcova* (chambre à coucher) et le grand salon, arrêtez-vous salle 19 (salle du printemps) sous les **plafonds★** peints par Ferrari. C'est là que sont exposés trois chefs-d'œuvre de Van Dyck : le grand portrait équestre d'Anton Giulio II Brignole-Sale (1627), celui de son épouse, Paolina Adorno Brignole Sale, et le *Christ à la pièce de monnaie* (1625).
La visite se termine par l'**appartement★** de Caterina Marcenaro (1906-1976), directrice du bureau des Beaux-Arts et conservatrice du musée. L'architecte Franco Albini (1905-1977), chargé de la restauration de l'édifice abîmé par un bombardement en 1943, a aménagé en 1955 cet appartement au dernier étage, charmant mélange de décor moderne et d'œuvres anciennes, très représentatif du style italien de l'époque. En face s'ouvre un autre appartement, celui **de la duchesse** Maria Brignole-Sale, (Stanze della Duchessa), où ont vécu les derniers Brignole-Sale au 19e s. Certains meubles proviennent de l'hôtel Matignon, la résidence parisienne de la la duchesse Maria, dernière Brignole-Sale, à partir de 1854 jusqu'à sa mort en 1888.

Palazzo Bianco – *Via Garibaldi, 11.*
Les salles de ce palais, aménagées par Franco Albini dans les années 1950, accueillent des peintures de la scène artistique italienne, espagnole et flamande du 16e au 18e s. Le 1er étage expose des œuvres génoises, vénitiennes et lombardes des 16e et 17e s. : dans la salle 7, Véronèse *(Crucifixion)* et Palma le Jeune *(Jésus et la Samaritaine),* et dans la suivante, Le Caravage (**Ecce homo★**).
La montée au 2e étage dévoile dans toute sa splendeur un magnifique Saint Sébastien de Filippino Lippi, dit aussi Pala Lomellini, avant d'arriver aux œuvres témoignant des étroites relations que la ville entretenait avec le reste de l'Italie, l'Espagne (Zurbarràn, Ribera et Murillo - salle 15) et surtout les Pays-Bas (salles 16 à 19) : c'est ici que sont conservés en particulier les trois panneaux inférieurs et la Crucifixion du célèbre **polyptyque de la Cervara★** de Gérard David, dramatique par ses couleurs sombres et la sobriété de sa composition, l'intense **Christ bénissant★** de Hans Memling et *Vénus et Mars* de Rubens. De la salle 21, dédiée à Domenico Piola et son fils Paolo Gerolamo, on accède à l'étage inférieur, en mezzanine, qui accueille une belle collection de textiles et broderies du 18e s.
Un peu plus loin s'ouvre le passage qui mène au Palazzo Tursi, au-dessus des vestiges de l'église gothique de San Francesco di Castelletto (13e s.)

Palazzo Tursi – *Via Garibaldi, 9.*
À l'étage noble, les salles d'exposition accueillent l'extension de la galerie du Palazzo Bianco, avec des œuvres du 18e s. : Gregorio De Ferrari, Alessandro Magnasco (**Réception dans un jardin d'Albaro**★, 1720 - salle 23), la magnifique **Madeleine pénitente**★ par Antonio Canova (1790 - salle 26), ainsi que des œuvres d'art décoratif (faïences, tapisseries, meubles, pots à pharmacie) et une collection de monnaie, poids et mesures officiels de l'ancienne République de Gênes. La visite se termine par les belles salles Paganiniane qui abritent la véritable vedette du musée : le célèbre **Cannone**★ (canon), le violon Guarneri del Gesù légué par **Niccolò Paganini** *(☛ encadré)* à sa ville natale et qui doit son nom à la puissance du son qu'il peut émettre.
La Via Garibaldi aboutit sur la petite **Piazza della Meridiana**, où se dresse un palais (1541) dont le cadran solaire a donné le nom à la place.

Palazzo della Meridiana

Salita San Francesco, 4 - ✆ 010 25 41 996 - www.palazzodellameridiana.it - accès lors des expositions temporaires et visite guidée une fois par mois, rens. et réserv. sur le site - 10 €.
En grande partie remanié et redécoré (en style néo-Renaissance) au 19e s. par Gino Coppedè, l'un des chefs de file de l'Art nouveau en Italie et l'architecte du Castello Mackenzie (*☛ p. 54*), ce palais conserve des **fresques** de Luca Cambiaso et Lazzaro Calvi. Il fait partie des 42 palais inscrits au Patrimoine mondial de l'Unesco.
De la Piazza della Meridiana démarre la **Via Cairoli**, percée à la fin du 18e s. comme prolongement naturel de la Strada Nuova (Via Garibaldi) et donc appelée Strada Nuovissima !

San Siro ★

Via San Siro, 4 - 8h30-12h, 16h-19h.
L'église, dédiée au premier archevêque de Gênes (4e s.) qui, selon la légende,

Paganini ne répète pas

Génois de naissance, Niccolò Paganini (1782-1840, Nice) personnifia l'idée de « désordre et génie » musical. S'il vécut une vie riche d'aventures sentimentales et de déconvenues économiques, il fut avant tout un incroyable virtuose du violon. Il savait exploiter de manière exceptionnelle toutes les possibilités de son instrument, violon comme guitare ; ses audaces influencèrent aussi bien Liszt que Chopin, qui s'en inspirèrent pour le piano.
Ce génie des cordes avait aussi son caractère. Lors d'un concert à Turin, le roi de Sardaigne et duc de Savoie Charles-Félix le pria de jouer à nouveau une pièce. Le musicien lui répondit : « Paganini non ripete. » Depuis, les Italiens utilisent cette expression quand ils ne veulent pas expliquer ou faire une chose une deuxième fois. Également compositeur, Paganini a laissé d'inoubliables concertos pour violon et orchestre, ainsi que les célèbres Vingt-Quatre Caprices (*☛ p. 150*).

aurait vaincu le terrible basilic (monstre mythologique), fut probablement la cathédrale de la ville jusqu'au 9e s., avant d'être délaissée au profit de San Lorenzo, située à l'intérieur des remparts. Maintes fois remaniée, elle doit son aspect actuel aux travaux des 16e-17e s., hormis la façade qui remonte au 19e s. L'**intérieur**★, très riche, abrite des fresques du 17e s. de Giovanni Battista Carlone (on lui doit en particulier la décoration de la coupole), un remarquable **maître-autel** en bronze et marbre noir, œuvre de Pierre Puget (1670) et, dans la chapelle absidale de gauche, une Nativité du peintre maniériste Pomarancio (1553-1626). C'est dans cette église que fut baptisé Giuseppe Mazzini, qui habitait la Via Lomellini voisine (*voir ci-dessous*).

Museo del Risorgimento

Via Lomellini, 11 - ✆ 010 55 76 430 - www.museidigenova.it - mar. et vend. 9h-14h, merc. et sam. 9h30-18h30 (19h avr.-sept.) - fermé lun., jeu. et dim. (sf le 1er dim. du mois) - 5 €.

La maison natale de **Giuseppe Mazzini** abrite le musée retraçant l'histoire du mouvement qui conduisit à l'**unité italienne**. Parmi les sections les plus intéressantes, on remarquera celles dédiées au compositeur génois Goffredo Mameli, auteur de l'hymne national italien, dont le musée conserve le manuscrit original, ainsi que celle qui retrace l'expédition des Mille de Garibaldi au départ de Quarto, près de Gênes.

Plus loin, l'ancien couvent **San Filippo Neri** (*Via Lomellini, 12*) montre un très bel exemple d'architecture de la fin du 17e et du début du 18e s. ainsi qu'un intérieur qui célèbre le baroque.

Santissima Annunziata del Vastato ★★

Piazza della Nunziata - 7h30-20h - fermé 12h30-15h le w.-end.

Le style néoclassique du portique (19e s.) de cette église édifiée au 17e s ne laisse pas deviner la richesse toute baroque de son intérieur. Les meilleurs peintres ont été sollicités pour la décoration : Gregorio De Ferrari, Luca Cambiaso, Domenico Piola et Bernardo Strozzi. Mention spéciale pour la coupole, chef-d'œuvre d'Andrea Ansaldo (1584-1638) et considérée comme la première œuvre baroque réalisée à Gênes. Remarquez les personnages réunis autour de la balustrade et le jeu des perspectives qui créent l'illusion de la profondeur.

Quartiere del Carmine

Derrière l'église s'étend ce quartier populaire et animé, doté d'une jolie placette, bien agréable les soirs d'été.

Via del Campo

De la Piazza della Nunziata, en regardant vers la mer, on aperçoit sur la gauche, tout au fond de la Via delle Fontane, la **Porta dei Vacca**, qui remonte au Moyen Âge et faisait partie des remparts érigés pour faire face aux attaques de Frédéric Ier Barberousse (1155). Son pendant oriental est la Porta Soprana (☞ *p. 31*).

Leonid Andronov/Getty Images Plus

Santissima Annunziata del Vastato.

Au-delà de la porte s'étire la **Via del Campo**, la rue des marginaux et des exclus chantée dans la célèbre ballade éponyme du grand auteur-compositeur-interprète génois **Fabrizio De André** (1940-1999) *(p. 151)*. L'espace culturel **Via del Campo 29r** (*« Shopping », p. 103*) est installé sur le site du disquaire fréquenté par De André (le fameux magasin de Gianni Tassio) et retrace l'histoire de l'illustre école génoise de la chanson d'auteur, la plus importante d'Italie. La rue demeure fort populaire et multiculturelle. Ses beaux palais et l'animation des petites échoppes et des boutiques en font une promenade (diurne) très caractéristique du vieux Gênes.

Via Balbi ★

Cette artère est la plus occidentale des rues percées durant le Siècle d'or. On doit son ouverture à la puissante famille des Balbi, qui en fit son quartier résidentiel. Ces bâtiments accueillent aujourd'hui des bureaux et des instituts universitaires.

Le **Palazzo dell'Università**★ *(au n° 5)*, ancien collège des Jésuites, bâti entre 1634 et 1636, présente des caractéristiques qui rappellent le Palazzo Tursi de la Via Garibaldi, comme la cour aux arcades et le jardin suspendu *(p. 37)*.

Après le Palais royal *(p. 44)* se termine la partie la plus monumentale de la rue, qui aboutit sur la **Piazza Acquaverde** réalisée au 18e s. et aujourd'hui dominée par la gare de Piazza Principe. Avant la place, prenez les marches sur la gauche pour descendre vers la pittoresque **Piazza dei Truogoli di Santa Brigida** et ses lavoirs (17e s.). Ils ont été utilisés jusque dans les années 1960.

Palazzo Reale ★★

Via Balbi, 10 - ✆ 010 27 10 236 - www.palazzorealegenova.beniculturali.it - merc.-sam. 13h30-19h - 10 € billet combiné avec le Palazzo Spinola - jardin seul : 1 €.

La plus somptueuse des demeures de la Via Balbi fut bâtie en 1650 pour la famille Balbi. Au 18e s., elle passa aux Durazzo, qui confièrent son remaniement à Carlo Fontana, collaborateur du Bernin. Enfin en 1824, elle a été achetée par Charles-Félix de Savoie, roi de Sardaigne, qui l'a élevée au rang de résidence royale.

Avant de monter à l'étage noble, au second, faites un tour dans la belle **cour d'honneur**★ et le joli jardin qui s'ouvre sur le port.

Intérieur★★ – Il est garni de mobilier des 18e et 19e s. et décoré de fresques de Domenico Parodi (1668-1740), auquel on doit aussi l'éblouissante **Galleria degli Specchi**★★ (galerie des Glaces), inspirée de celle du château de Versailles. Après la salle du Trône, on trouve, dans la salle des Audiences, le *Portrait de Caterina Balbi Durazzo* par **Van Dyck**, prélude à une belle série de toiles de maître signées le Tintoret, Strozzi, Luca Giordano, Valerio Castello, etc. Ne manquez pas la salle Veronèse pour ses quatre belles *Métamorphoses*, chefs-d'œuvre du sculpteur baroque Filippo Parodi, et les parquets marquetés des salles des Savoie, en fin de parcours. De la salle de l'Aurore, on rejoint la jolie **terrasse**, qui offre une belle vue sur le *risseü* de la fontaine, la mosaïque de galets noirs et blancs, typique de la Ligurie. Celui-ci date du 18e s.

De la terrasse, on aperçoit un curieux édifice oblong qui accueille des expositions temporaires. Il a été construit sur le site du **Teatro del Falcone** fondé en 1652 et qui était le plus ancien théâtre d'Italie avant sa destruction lors de la Seconde Guerre mondiale.

San Giovanni di Prè ★

Piazza della Commenda - église haute : 9h-12h, 16h-19h - fermé jeu. (entrée Salita San Giovanni).

En 1180, les chevaliers de Malte bâtirent à cet endroit un couvent et un hospice pour accueillir les pèlerins qui revenaient de Terre sainte (la Commanderie) et deux églises superposées, une pour chaque niveau de l'hospice. Au 18e s., les accès aux églises à partir de la Commenda furent fermés et on ouvrit une porte dans l'abside de l'église haute sur la salita San Giovanni.

L'**église haute** se caractérise par ses beaux arcs croisés en anse de panier qui signent son architecture romane tandis que l'**église basse** *(fermée au moment de la rédaction de ce guide)* conserve des fresques byzantines. Le clocher est l'un des rares de l'époque romane à avoir survécu. L'édifice de la **Commenda** abrite aujourd'hui le MEI (☞ ci-contre).

MEI - Museo Nazionale dell'Emigrazione Italiana ★

Piazza Commenda, 1 - ✆ 010 55 74 155 - www.museomei.it - merc.-dim. 11h-18h (19h w.-end) - 7 €.

Installé dans une ancienne commanderie du 12e s., ce musée rend hommage aux millions d'Italiens qui ont émigré depuis le 19e s., voire avant. L'exposition se répartit en 16 salles abordant de façon très didactique tous les aspects de l'émigration italienne : les régions de départ et les destinations, mais aussi des aspects moins connus comme les questions liées aux métiers exercés dans les pays d'accueil, la santé, l'intégration, l'émigration politique... La particularité réside dans la quantité de témoignages illustrant les données informatives : photos, films et documents sonores – près d'un millier d'enregistrements de voix d'émigrés qui racontent leur histoire, avec des mots très simples et toujours émouvants.

Villa del Principe ★

Piazza del Principe, 4 - ✆ 010 25 55 09 - www.doriapamphilj.it/genova - 10h-18h - 11 € pour appartements privés des Doria - l'accès au jardin est gratuit.

Le prince auquel la demeure est dédiée est l'amiral Andrea Doria, prince de Melfi à partir de 1532. Cette villa Renaissance, commencée en 1520, présentait jadis un accès direct à la mer, tandis qu'aujourd'hui le trafic de la Sopraelevata gâche quelque peu les lieux. L'empereur Charles Quint y séjourna en 1533.

La résidence fut décorée par un élève de Raphaël à Rome, **Perin del Vaga**, qui exécuta les **fresques★★** du vestibule, de la loge des Héros et des appartements symétriques du condottiere *(à droite de la loge)* et de son épouse *(à gauche de la loge)*. Dans ces derniers, la salle des Naufrages abrite une remarquable série de **tapisseries★**, réalisées à Bruxelles à la fin du 16e s., qui retrace l'histoire de la bataille de Lépante (1571), menée contre les Turcs par les flottes chrétiennes guidées par l'amiral Andrea Doria. Passé la salle des Naufrages, la petite Sala di Psiche recèle un **Portrait d'Andrea Doria★** par Sebastiano del Piombo (1526). Les quatre dernières salles, jadis habitées par Giuseppe Verdi et son épouse Giuseppina, accueillent aujourd'hui les appartements privés des princes Doria Pamphilj.

À l'autre bout de la loge des Héros, une des pièces les plus étonnantes de l'appartement du condottiere est le **salon des Géants★**, qui présente au plafond une fresque (dont le thème a donné son nom à la salle) particulièrement puissante. Remarquez aussi la belle cheminée en marbre noir.

Tout à côté, la Sala di Perseo abrite une belle **toile** du Bronzino (1545), qui représente Andrea Doria en Neptune. Giovanni Andrea, neveu et héritier du prince, agrandit le palais et fit construire l'élégante **Galleria Aurea** (galerie dorée), selon la mode de l'époque.

Le jardin du palais qui descendait jusqu'à la mer est orné, en son centre, de la fontaine de Neptune.

La ville moderne★

Après les étroits « caruggi » de la ville médiévale et les fastes baroques du Siècle d'or, cette partie de Gênes offre l'élégance bourgeoise et la monumentalité typiques du 19e et du 20e s. Ici, les places sont aérées, les avenues sont bordées d'édifices cossus et de boutiques de luxe et les aménagements urbains portent la marque du gigantisme de la période mussolinienne. C'est la Gênes moderne, née avec l'unité italienne et qui, avec Turin et Milan, constitue depuis plus d'un siècle le triangle d'or de l'économie italienne.

▶**Accès :** M De Ferrari ou gare Brignole.

Plan de quartier p. 49. Plan détachable EFG 5-8.

▶**Conseils :** évitez le dimanche, toutes les boutiques sont fermées. Comptez 3h.

« La Nouvelle Gênes » p. 145.

Nos adresses p. 97, 104, 109 et 112.

Piazza De Ferrari ★

Ouverte à la fin du 19e s. et réaménagée entre 1935 et 1940, cette place grandiose est l'un des lieux de rendez-vous préférés des Génois qui s'assoient volontiers au bord de la fontaine centrale, devenue l'un des symboles de la ville. Elle est bordée par des monuments imposants : le Palazzo Ducale (*p. 20*), le théâtre Carlo Felice, un peu en retrait, et, entre la Via Dante et la Via XX Settembre, la façade arrondie de l'éclectique **Palazzo della Nuova Borsa** (la Bourse), réalisé par Dario Carbone en 1912. à l'intérieur, la monumentale **Sala delle Grida★**, (salle des cris, où l'on criait les offres de valeurs), conserve un beau décor d'Adolfo Coppedè. *Via XX Settembre, 44 - ouvert à l'occasion d'expositions.*

Teatro Carlo Felice

Passo Eugenio Montale, 4 - 010 538 14 32 - www.operacarlofelicegenova.it - visites guidées : 6 € - rens. et réserv. par tél. ou biglietteria@carlofelice.it.

Le plus grand théâtre de la ville, conçu par Carlo Barabino et inauguré en 1828, a été entièrement détruit pendant la Seconde Guerre mondiale et rebâti à partir des années 1980 sur un projet des architectes Aldo Rossi, Ignazio Gardella, Fabio Reinhart et Angelo Sibilla. Ouverte aux représentations en 1991, sa salle recrée l'atmosphère d'une place génoise, en souvenir de l'époque où le théâtre se jouait dans la rue, d'où la présence des fenêtres et des balcons sur les murs.

Accademia Ligustica di Belle Arti ★

Largo Pertini, 4 - 010 56 01 31 - www.museo.accademialigustica.it - mar.-sam. 14h30-18h30 - 5 €.

Tout comme le théâtre Carlo Felice, le siège de l'Académie fut conçu par Carlo Barabino en 1831. Le musée

Jon Arnold Images/hemis.fr

Galleria Mazzini.

expose des tableaux et des dessins – en majorité de peintres ligures – du 14e au 19e s. : Perin del Vaga, Luca Cambiaso, Bernardo Strozzi, Giovanni Andrea De Ferrari, Rubaldo Merello et le Grechetto, entre autres artistes.

Via Roma

À l'occasion de la démolition d'églises et de couvents, la Via Roma fut ouverte en 1870 afin de relier le centre avec les nouvelles zones résidentielles des collines. Cette rue conserve des témoignages d'Art nouveau, dont le très beau magasin Finollo *(n° 38)*, réputé pour ses cravates et chemises sur mesure (*p. 104*).
Parallèle à la Via Roma, la **Galleria Mazzini** accueille tous les mois un marché d'antiquités réputé *(4e merc. et jeu. du mois)*.

Palazzo Doria Spinola ★ (Palazzo del Governo)

Largo Eros Lanfranco - Palais de la Préfecture - 8h-18h - accès libre à la cour intérieure (rdc seult) - ouv. pendant les Rolli Days.
Au bout de la Via Roma, il se repère à son austère façade ocre sur laquelle se détache un portail en marbre entouré de colonnes. Construit avant les palais de la Strada Nuova, entre 1541 et 1543, il abrite dans les salons du 1er étage de belles fresques de Luca Cambiaso (en particulier la très étonnante fresque d'Apollon tirant des flèches sur les Grecs). La loggia est ornée d'une belle

série de vues de villes par les frères Aurelio et Felice Calvi (16e s.).

Villetta di Negro ★

Au-dessus de la **Piazza Corvetto**, grand espace urbain aménagé à la fin du 19e s. et dominé au centre par le monument dédié à Victor-Emmanuel II, s'étend ce jardin escarpé. Créé au début du 19e s. à la demande du marquis Gian Carlo Di Negro (1769-1857), il offre une oasis de verdure agrémentée de cascades et de grottes artificielles, ainsi qu'un petit belvédère-labyrinthe. De là, on jouit d'une très belle **vue** sur les toits de la ville jusqu'à la mer. Au sommet du jardin se dresse l'édifice conçu par l'architecte rationaliste Mario Labò, entre 1953 et 1970, qui expose les collections du Museo Chiossone.

Museo d'Arte Orientale Edoardo Chiossone ★

Piazzale Mazzini, 4, au sommet de la Villetta Di Negro - ✆ 010 54 22 85 - www.museidigenova.it - fermé pour travaux, se rens.

Le musée accueille l'une des plus prestigieuses collections d'art oriental en Europe, rassemblée par **Edoardo Chiossone** (1833-1898), peintre et graveur génois, grand passionné et collectionneur d'art oriental qui vécut au Japon pendant 23 ans. Nommé par l'empereur du Japon responsable de l'Atelier Titres et Valeurs du ministère des Finances japonais, il dessina pour ce dernier des billets de banque. Le musée rassemble des sculptures bouddhiques, des armures, des objets en ivoire et en laque, auxquels s'ajoute la prestigieuse **collection Ukiyo-e** d'estampes du 17e s. réalisées par Harunobu, Utamaro, Hiroshige et Hokusai. Événements liés à la culture japonaise et à ses fêtes traditionnelles.

Revenez sur vos pas jusqu'à la Piazza de Ferrari par la Via Roma ou la Galleria Mazzini *(10mn)* et rejoignez la **Via XX Settembre**, à gauche de la Bourse. C'est l'une des artères principales de Gênes, bordée de remarquables palais Liberty et très fréquentée par les amateurs de shopping. Descendez le long du trottoir de gauche. Lorsque les arcades de la rue seront bicolores et en ogive, vous saurez que vous arrivez à la hauteur de Santo Stefano. Montez les escaliers à gauche.

SE RESTAURER
- Mercato Orientale 13
- Il Genovese 23
- Piazzetta del Pisacane 24
- Le Cicale in Città 28
- Pesciolino 42
- Ladidà 43
- Quelli dell'Acciughetta 44

PRENDRE UN VERRE
- Mangini 14
- Panarello 28
- Mani 29

SHOPPING
- Enoteca Infernotto 21
- Pasticceria Tagliafico 23
- Rosso35 30
- Finollo 31

SORTIR
- Louisiana Jazz Club 7
- Politeama Genovese 8
- Teatro Carlo Felice 9
- Teatro Nazionale di Genova 10

SE LOGER
- Hotel Bristol Palace 5
- City Hotel 6
- Melià Genova 9
- Hotel Nologo 11

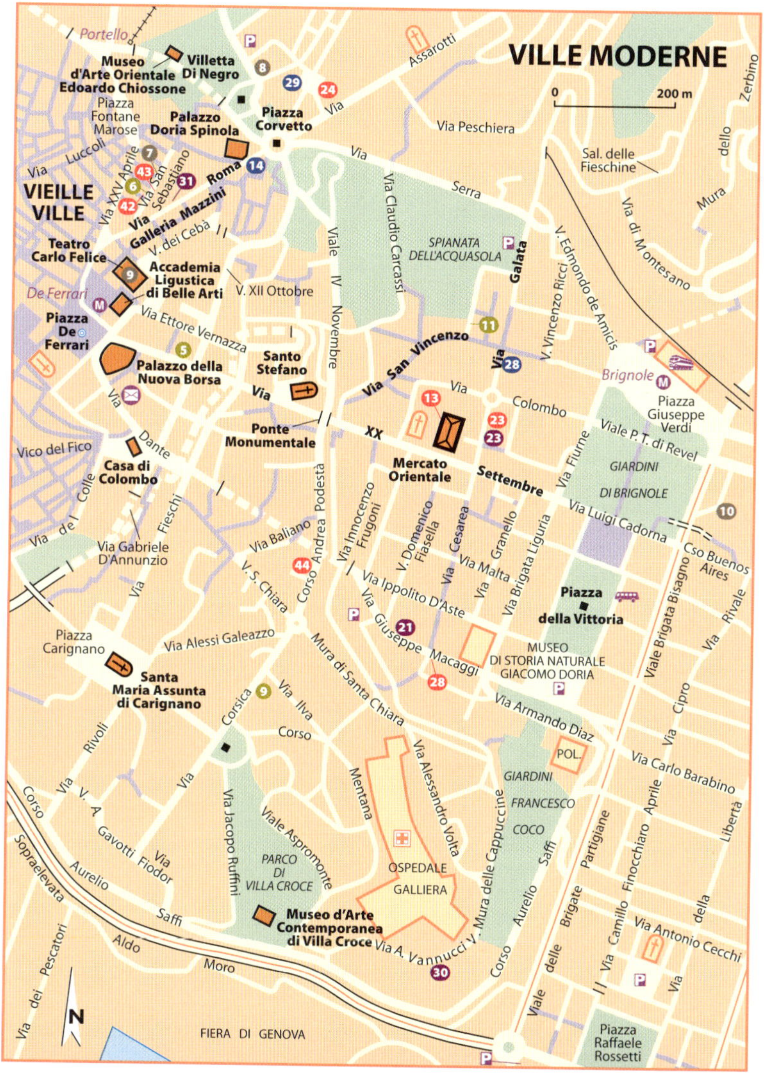
VILLE MODERNE
0
200 m
VIEILLE VILLE
Portello
Museo d'Arte Orientale Edoardo Chiossone
Villetta Di Negro
Piazza Fontane Marose
Palazzo Doria Spinola
Piazza Corvetto
Via Roma
Via Luccoli
Via XXV Aprile
Via San Sebastiano
Via Galleria Mazzini
V. dei Cebà
Teatro Carlo Felice
Accademia Ligustica di Belle Arti
De Ferrari
Piazza De Ferrari
Via Ettore Vernazza
V. XII Ottobre
Palazzo della Nuova Borsa
Santo Stefano
Via XX Settembre
Ponte Monumentale
Via Dante
Vico del Fico
Casa di Colombo
Via del Colle
Via Gabriele D'Annunzio
Via Fieschi
Via Baliano
Corso Andrea Podestà
V. S. Chiara
Via Alessi Galeazzo
Piazza Carignano
Santa Maria Assunta di Carignano
Corso Corsica
Via Ilva
Mura di Santa Chiara
Via Rivoli
V. A. Gavotti
Via Fiodor
Corso Aurelio Saffi
Sopraelevata Aldo Moro
Via dei Pescatori
Via Jacopo Ruffini
Viale Aspromonte
PARCO DI VILLA CROCE
Museo d'Arte Contemporanea di Villa Croce
Via A. Vannucci
Mentana
Via Alessandro Volta
OSPEDALE GALLIERA
V. Mura delle Cappuccine
FIERA DI GENOVA
N
Assarotti
Via Peschiera
Via Serra
Via Claudio Carcassi
Viale IV Novembre
SPIANATA DELL'ACQUASOLA
Via Galata
Via San Vincenzo
Via Colombo
Mercato Orientale
Via Innocenzo Frugoni
V. Domenico Fiasella
Via Cesarea
Via Granello
Via Malta
Via Brigata Liguria
Via Ippolito D'Aste
Via Giuseppe Macaggi
MUSEO DI STORIA NATURALE GIACOMO DORIA
Via Armando Diaz
POL.
GIARDINI FRANCESCO COCO
Corso Aurelio Saffi
Viale delle Brigate Partigiane
Via Camillo Finocchiaro Aprile
Via Antonio Cecchi
Via della Libertà
Via Carlo Barabino
Via Cipro
Via Rivale
Piazza Raffaele Rossetti
Zerbino
Sal. delle Fieschine
Via dello Mura
Via di Montesano
V. Edmondo de Amicis
V. Vincenzo Ricci
Brignole
Piazza Giuseppe Verdi
Viale P. T. di Revel
GIARDINI DI BRIGNOLE
Via Fiume
Via Luigi Cadorna
Cso Buenos Aires
Piazza della Vittoria
Viale Brigata Bisagno
M
P
1 2 3 4 5 6 7 8 9 10 11 12 13 14 21 23 24 28 29 30 31 42 43 44

Santo Stefano

Piazza Santo Stefano - 9h-18h30, dim. 9h-14h, lun. 9h-11h30. C'est ici qu'a été baptisé Christophe Colomb. L'église, en position surélevée, donne sur la **Via XX Settembre**. De construction romane mais remaniée après les destructions de la Seconde Guerre mondiale, l'église comprend une belle abside de style lombard. À l'intérieur, dans le presbytère, on peut admirer le **Martyre de saint Étienne★** (vers 1524), chef-d'œuvre de Giulio Romano et des tableaux de l'école génoise (Domenico Piola, Bernardo Castello).

Mercato Orientale

Via XX Settembre, 272 - www.mog genova.it - lun.-merc. : 7h30-13h, 15h30-19h30 ; jeu.-sam. : 7h30-19h30 - fermé dim.
Après le **Ponte Monumentale** (1899), vous verrez sur votre gauche l'entrée des halles, installées depuis 1889 dans l'ancien cloître (18e s.) du couvent de la Consolation. C'est l'endroit idéal pour acheter d'excellents produits du terroir ou pour déguster les spécialités de la région dans le Food Corner installé au 1er étage et inauguré en mai 2019 (*« Se restaurer » p. 87*).
Derrière le marché, autour de la **Via San Vincenzo** et de la **Via Galata**, s'étend un quartier très animé qui regorge de bistrots et cafés.
Descendez la Via XX Settembre sur 300 m environ.

Piazza della Vittoria

L'immense Place de la Victoire est une belle réalisation rationaliste signée Marcello Piacentini en 1923 pour célébrer la victoire de la Première Guerre mondiale. L'Arco della Vittoria, l'arc de triomphe qui domine la place (1930), est dédié aux victimes de la guerre. Côté sud, sur la plate-bande inclinée entre les deux rampes, remarquez les caravelles de Christophe Colomb réalisées en fleurs.

Museo d'Arte Contemporanea di Villa Croce

Via Jacopo Ruffini, 3 - www. museidigenova.it - mar.-vend. 11h-18h, w.-end 12h-19h - 5 €.
Cette belle villa néoclassique entourée par un jardin public abrite une collection d'art abstrait (1930-1980) et une section dédiée à la peinture et à l'art graphique italiens du 20e s.

Santa Maria Assunta di Carignano

Piazza di Carignano - 7h30-12h, 16h30-19h, dim. 8h-12h30, 16h30-19h30.
Au sommet de la colline de Carignano, qui surplombe la mer et la ville moderne, se dresse cette monumentale basilique à coupole, conçue selon le style Renaissance en 1552 par Galeazzo Alessi, mais achevée beaucoup plus tard, au 19e s., par Carlo Barabino, qui termina la façade. L'intérieur conserve des œuvres remarquables comme le **Saint Sébastien★** et le *Saint Alexandre Sauli* de **Pierre Puget**, une *Pietà* (1571) de Luca Cambiaso (chapelle au fond du bas-côté gauche) ainsi que des toiles de Domenico Fiasella, du Guerchin et de Giulio Cesare Procaccini.

La ville haute et les forts★

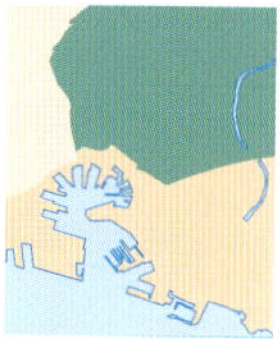

Construite à flanc de montagne, Gênes est un balcon naturel offrant des dizaines de belvédères et de points de vue imprenables sur la ville et la côte. Chacun de ces endroits est aisément accessible, à partir du centre, en ascenseur ou en funiculaire, mais les plus courageux pourront choisir d'emprunter les « creuze », ces ruelles étroites et pentues, un brin champêtres. Pour prendre encore plus de hauteur, il faudra prévoir une voiture ou de bonnes chaussures de randonnée afin d'explorer les collines coiffées de fortifications, qui donnent au paysage un petit air de Muraille de Chine.

▶ **Accès :** tous les sites indiqués ci-dessous sont très facilement accessibles par les funiculaires ou les ascenseurs au départ de Piazza Portello, Piazza della Meridiana, Largo Zecca et Via Balbi (*p. 43*).

Plan détachable AH 1-4 EH5.

Nos adresses p. 88 et 104.

Castello d'Albertis - Museo delle Culture del Mondo ★

D4 *Corso Dogali, 18 - ascenseur Montegalletto de la Via Balbi, bus 36 de Piazza Principe, 39 ou 40 de Piazza De Ferrari. 010 27 23 820 - www.museidigenova.it - 10h-18h (17h en hiver), w.-end 10h-19h (18h en hiver) - fermé lun. - 6 € - visites guidées : dim. 10h30 et jeu. 20h et 21h. - 7 € (entrée incluse). Accès au parc gratuit.*

Le château néogothique (1892), construit sur les anciennes fortifications de Montegalletto, occupe un merveilleux **emplacement★** au cœur d'un parc qui bénéficie d'une très belle **vue★** sur la ville et le port. Il a été construit par le capitaine **Enrico d'Albertis** (1846-1932) pour accueillir

Escapade en train vers Casella

Cette promenade à bord du trenino di Casella, un authentique tortillard des années 1920, est l'une des sorties dominicales des familles génoises. Ce joli train coloré, qui circule sur une petite voie, vous fera découvrir les villages et les collines se succédant entre Gênes et Casella, située à 29 km au nord. De viaducs en tunnels, le train parcourt 24 km en une heure environ, délivrant de superbes points de vue. Départs tous les jours de la gare de Piazza Manin. Pour toute information : 010 55 82 414 - www.ferroviagenovacasella.it.

une partie des objets rapportés de ses voyages autour du monde. Ce marin expérimenté et très fortuné, passionné par les exploits des grands explorateurs du 16e s., a en effet navigué presque toute sa vie pour le seul plaisir de l'aventure. Il est le premier Italien à avoir emprunté le canal de Suez, en 1869. De sa collection ethnographique et archéologique, de grande valeur, on ne voit que les pièces les plus importantes. Le parcours s'achève au sous-sol, par une section consacrée à la musique et aux instruments des cinq continents.

Quartiere Castelletto

E5 et plan p. 35 *Ascenseur Castelletto Levante - Piazza Portello.*

L'ascenseur conduit en quelques minutes dans ce quartier bourgeois et résidentiel, qui domine le centre-ville. Du **belvédère**, magnifique **vue★★** sur les toits et les collines. Au bout de l'esplanade, on peut redescendre par la Salita alla Spianata di Castelletto puis la Salita San Francesco, de charmantes petites ruelles pentues (les *creuze*) bordées de maisons colorées. Coup d'œil insolite avec la perspective de la Lanterne, au sud-ouest.

À l'ouest du quartier, sur le Piazzale Brignole, se dresse l'imposant **Albergo dei Poveri**, bâti en 1652 pour héberger les pauvres de la ville, qui accueille aujourd'hui une maison de retraite et des universités.

Santuario della Madonnetta ★

E4 *Salita della Madonnetta, 5 - funiculaire Zecca-Righi (Largo Zecca- arrêt Madonnetta), bus 36 de la Piazza Principe - www.santuariomadonnetta.it - 16h-18h, dim. 10h-12h.*

C'est un exemple très représentatif du baroque génois. Érigé en 1696, en seulement 15 mois, il doit son nom à la petite statue de la Vierge en albâtre (17e s.) conservée dans la chapelle inférieure. Remarquez comme tout, dans l'architecture et la décoration, rappelle le chiffre 8, symbole chrétien de la résurrection. Ne manquez pas de visiter la crypte où se trouve une **crèche★** des 17e-18e s., peuplée d'une centaine de personnages – on dirait une photographie de la Gênes d'antan. Avant de partir, admirez le parvis et sa jolie mosaïque du 18e s. en galets noirs et blancs avec, au fond, la belle *Pietà* de Domenico Parodi. Le sanctuaire fait l'objet d'un pèlerinage important, le jour de l'Assomption (15 août).

Quartiere Righi

F3 *Funiculaire Zecca-Righi (Largo Zecca-arrêt Righi), bus 64 de Piazza Manin, 39 ou 40 de Piazza De Ferrari, ou en voiture, fléchage à partir de la Piazza Manin.*

À plus de 300 m d'altitude, la **vue★** sur la ville et la côte est somptueuse. C'est d'ici que l'on peut le mieux évaluer la puissance des murailles construites sur les crêtes dont subsistent de nombreux forts. À 200 m de l'arrivée du funiculaire se dresse le petit **Osservatorio Astronomico del Righi**, qui propose une programmation intéressante. Le petit jardin est aménagé pour les pique-niques. *Via Mura delle Chiappe, 44r - ✆ 347 58 59 662 - www.osservatorioighi.it.* De

Castello d'Albertis

là partent plusieurs promenades vers les forts.

San Bartolomeo degli Armeni

G5 *Piazza San Bartolomeo degli Armeni, 2 - bus 36 de Piazza De Ferrari ou Piazza Corvetto - 8h-11h30, 16h-18h30.*
Intégrée à un immeuble du 19ᵉ s., cette église du 14ᵉ s. conserve une des deux images (l'autre se trouve au Vatican) associées au Mandylion, la Sainte Face, une pièce de tissu sur laquelle la tradition veut que le Christ lui-même ait miraculeusement transféré son image. Cette représentation, considérée et vénérée comme le véritable portrait de Jésus, a été donnée au doge Leonardo Montalto en 1362 par l'empereur de Constantinople. Notez également le remarquable triptyque de la Vierge et les Saints (1415) du pisan Turino Vanni, et les œuvres de Cambiaso (la Résurrection et l'Ascension) dans le presbytère.

Castello Mackenzie

G5 *Mura di San Bartolomeo, 16. Ne se visite pas.*
Un peu plus au nord de San Bartolomeo, se dresse ce remarquable pastiche néogothique réalisé par Gino Coppedè de 1893 à 1905. Le bâtiment accueille aujourd'hui la maison de vente aux enchères Cambi Casa d'Aste (*p. 104*).

Cimitero di Staglieno ★★

H2 *Piazzale Resasco, 1 - bus 13 de Piazza Caricamento, 14 de la gare Brignole et 34 de la gare Principe ; en voiture, de Piazza Corvetto, prenez la Via Assarotti puis la Via Montaldo - 010 55 76 400 - www.staglieno.comune.genova.it - 7h30-17h - visites guidées (en français sur demande), calendrier sur : www.staglieno.comune.genova.it/it/visite.*
Cette nécropole néoclassique de 160 ha, l'un des plus beaux cimetières monumentaux d'Europe, fut réalisée par Carlo Barabino au milieu du 19ᵉ s. La poussière qui couvre les monuments donne à la promenade une touche encore plus décadente. Au cœur de la nécropole, galeries et arcades abritent des centaines de monuments sculptés aux 19ᵉ et 20ᵉ s. par des artistes ligures de renommée internationale. Les tombeaux sont décorés à la gloire des valeurs bourgeoises : la famille, le travail, la position sociale... Ne ratez pas **La Vendeuse de noisettes** de Lorenzo Orengo (1881), à l'effigie d'une femme du peuple qui destina toutes ses économies à la construction de son monument funéraire.
L'esplanade est dominée par le **Panthéon**, qui conserve la mémoire des personnalités génoises les plus importantes. Au-dessus, le *Boschetto irregolare*, inspiré des jardins romantiques, abrite les tombeaux de **Giuseppe Mazzini** et de quelques autres héros du Risorgimento italien.

Les forts ★

Châteaux forts, tours, bastions et remparts constituent le système de fortifications côté terre. Au cours de l'histoire de la ville, sept enceintes ont été érigées, les plus importantes et encore visibles étant les **Mura**

Nuove (Nouveaux Remparts), qui remontent au 17e s. et font partie du **Parco Urbano delle Mura** (parc urbain des Remparts). Créé en 2008, le parc comprend 617 ha de collines à cheval entre la vallée de la rivière Bisagno (à l'est du centre) et celle de la rivière Polcevera (à l'ouest). Le parc abrite aussi plusieurs châteaux forts construits aux 17e-19e s., dont la plupart remontent à l'époque de Napoléon et des Savoie. Côté nature, cette aire naturelle protégée accueille des espèces animales (renards, écureuils, faucons, papillons) et végétales appartenant au milieu méditerranéen, sur le versant maritime, et alpin sur le versant tourné vers l'arrière-pays. À l'exception du fort Begato, utilisé pour des manifestations, les forts ne sont pas ouverts à la visite. Le parc offre plusieurs balades entre ciel et mer pour admirer les édifices de l'extérieur.

Les sentiers de randonnée qui permettent de rejoindre certains forts sont de difficulté et de durée variables (de 3h à 8h). Rens. sur les visites guidées à l'office de tourisme - Via Garibaldi, 12r - ✆ 010 55 72 903.

Forte Begato CD1 – *Via al Forte di Begato, en voiture ou env. 1h de marche de l'arrivée du funiculaire Zecca-Righi.* À 475 m de hauteur, il fut bâti par les Savoie entre 1818 et 1830 sur des vestiges du 14e s. Vue magnifique sur la vieille ville, le port, la côte et la vallée Polcevera. Le fort, le seul ouvert au public, accueille des spectacles et des événements.

Forte Castellaccio E2 – *Via del Peralto, en voiture ou 15mn de marche à partir de l'arrivée du funiculaire Zecca-Righi.* Construit au 14e s. comme tour fortifiée, ce bastion fut remanié aux 18e et 19e s. à l'époque des Savoie. Aujourd'hui, il comprend la tour Specola et accueille un restaurant.

Forte Sperone E1 – *Via del Peralto en voiture ou 30mn de marche de l'arrivée du funiculaire Zecca-Righi.* Sa position dominante sur le sommet (489 m) du Righi, le point le plus élevé des Nouveaux Remparts, fait du Sperone le plus important des forts génois. Si une structure défensive existait déjà à cet emplacement au 14e s., l'aspect actuel du fort est dû aux Savoie, qui en firent une véritable forteresse.

Du fort Sperone partent les sentiers qui mènent au **Forte Puin** (18e-19e s.), au **Fratello Minore** (Frère Cadet), le seul encore existant des deux forts appelés Due Fratelli, et au **Forte Diamante**, isolé et majestueux, dominant d'une altitude de 667 m les vallées Polcevera et Bisagno.

Pour rejoindre le fort Diamante, comptez 5h, guide conseillé.

Les autres forts Hors plan – On retrouve d'autres forts sur les hauteurs de Sampierdarena : le **Forte della Crocetta**, bâti par les Savoie sur le site d'un couvent des Augustins du 17e s., le **Forte Tenaglia** (1815-1836), à 217 m d'altitude, et, un peu plus haut, la Torre Granarolo (accès possible en train à crémaillère, *voir p. 146*). À l'est, sur les hauteurs d'Albaro, une série de forts pénètre depuis la côte dans l'arrière-pays : le **Forte San Giuliano** (1819-1836), le **Forte San Martino** (1820-1832), le **Forte Santa Tecla**, bâti entre 1747 et 1751, le **Forte Richelieu** (19e s.), le **Forte Monteratti** (1831-1842) et, enfin, le **Forte Quezzi**, construit au début du 19e s. sur la rivière Bisagno.

Le Grand Gênes★

L'agglomération génoise dessine un vaste amphithéâtre de près de 30 km de long, coincé entre mer et montagne. Par-delà les installations portuaires, véritable forêt de silos et d'usines, cap sur un littoral truffé de villas patriciennes ou de petits ports de carte postale, tous aisément accessibles du centre-ville en train, en bateau… ou même à pied !

▶**Accès :** Pour atteindre le Corso Italia il faut prendre le bus 20 au départ du centre-ville ou le 31 à la gare de Brignole.

Cartes de région p. 56-57 et p. 58-59.

▶**Conseils :** pour faire comme les Génois, visitez le littoral le dimanche. Pour échapper à la foule, évitez… le dimanche ! Si vous souhaitez voir les quatre musées de Nervi, allez-y le matin et prévoyez de pique-niquer dans les parcs de la station balnéaire.

Nos adresses p. 88, 97 et 109.

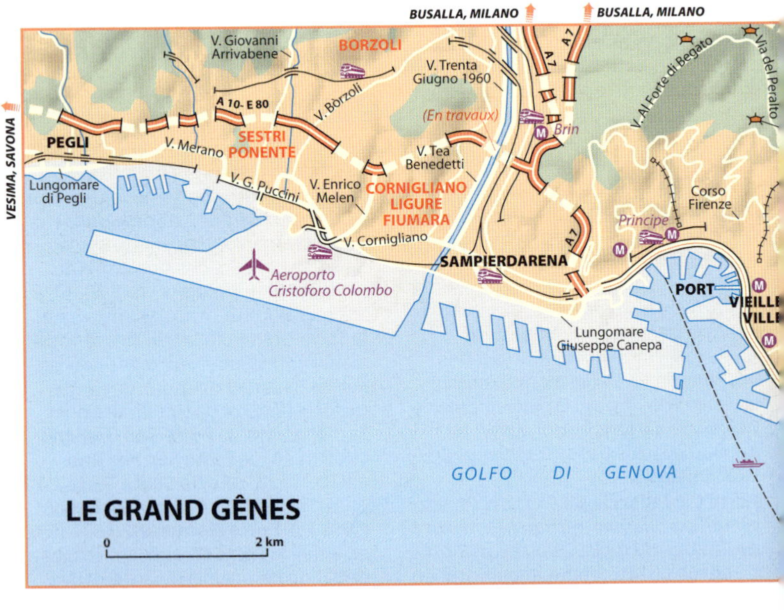

Albaro

À 3 km à l'est de Gênes - bus 15 et 31, ou à pied par le Corso Italia.

Le quartier balnéaire de Gênes, avec ses grandes avenues arborées et ses demeures élégantes, est l'un des plus agréables de la ville. Le **Corso Italia★**, bordé de belles maisons de style Liberty, est une promenade très appréciée des Génois, surtout le dimanche. Lieu de villégiature dès le 14e s., Albaro recèle encore de magnifiques villas du 16e s., parmi lesquelles la **Villa Cambiaso Giustiniani★** *(Via Montallegro, 1).* Côté mer, on surplombe un chapelet d'établissements balnéaires aux terrasses investies par les bars et les restaurants, pris d'assaut dès l'arrivée des beaux jours *(plages payantes à l'exception d'une toute petite portion).*

Boccadasse ★

Bus 31 au dép. de Brignole ou 42 de la Via Dante (De Ferrari).

À l'est du centre, au bout du Corso Italia, le petit **port de Boccadasse★**, avec ses maisons de pêcheurs multicolores, a su conserver tout son charme. En été, sa minuscule plage de galets est envahie par la foule, notamment à l'heure de l'*aperitivo*. Du **cap de Santa Chiara**, on jouit d'une superbe **vue★★** sur la Riviera qui

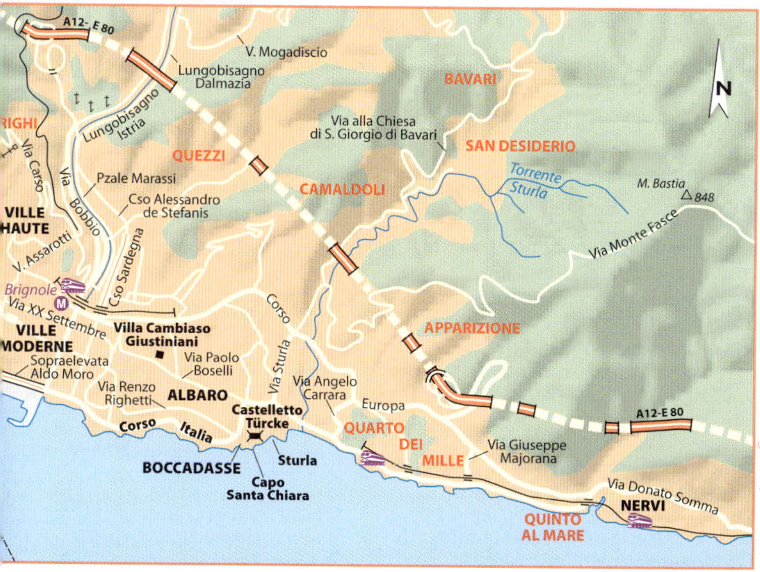

embrasse le promontoire de Portofino. C'est là que se dresse le **Castelletto Türcke**, de style néogothique, réalisé par Gino Coppedè en 1903, tandis qu'en contrebas, le petit bar sur pilotis des Bagni Santa Chiara offre une vue imprenable sur la mer.

Au-delà du cap, les ruelles étroites, ombragées par les arbres débordant des jardins, conduisent au **petit port de Sturla**.

Nervi ★

À 10 km à l'est de Gênes - bus 15 (route côtière) ou 17 (voie rapide) - train au dép. des gares de Principe et Brignole – comptez une demi-journée avec les visites.

Cette petite station balnéaire aux façades multicolores, très prisée des intellectuels au début du 20e s., offre une escapade plaisante entre nature et culture. Pour se baigner, ☛ *p. 120*.

Passeggiata Anita Garibaldi★★

Du petit port de Nervi démarre cette superbe **promenade** qui serpente au-dessus des rochers tout en offrant une vue spectaculaire sur la Méditerranée, allant des Alpes maritimes au mont de Portofino. Une belle balade à éviter aux heures chaudes de la journée !

De la promenade Garibaldi, plusieurs tunnels rejoignent les **parcs de Nervi★**, appellation qui rassemble les jardins des Villas Gropallo, Saluzzo Serra et Grimaldi Fassio, soit près de 9 ha de végétation méditerranéenne et exotique luxuriante. Ces anciennes villas, auxquelles il convient d'ajouter une quatrième, la Villa Luxoro, située à l'extérieur des parcs, forment le complexe des musées de Nervi *(voir ci-après)*.

Musei di Nervi★

Les musées sont listés ci-dessous dans leur ordre d'apparition quand on arrive de Gênes - www.museidigenova.it - billets combinés : pour deux musées au choix 8 €, pour les quatre musées 10 €.

☺ Les musées n'étant pas très éloignés les uns des autres, ils sont tous accessibles à pied du centre de Nervi. Le bus 517, qui emprunte la Via Capolungo, dessert les quatre sites. Si vous visitez les quatre musées le même jour, commencez par le Museo G. Luxoro, le plus excentré, ouvert uniquement le matin (fermé pour travaux au moment de la rédaction de ce guide).

Wolfsoniana★ – *Villa Gropallo, Via Serra Gropallo, 4 - ✆ 010 32 31 329 - www.wolfsoniana.it - avr.-oct. : 11h-18h, w.-end 12h-19h ; nov.-mars : 11h-17h - fermé lun. - 5 €.* Malgré des salles un peu sombres et une muséographie un tantinet vieillotte, ce musée possède une belle collection consacrée aux arts décoratifs et appliqués ainsi qu'au design. Les tableaux, meubles, céramiques, affiches publicitaires des années 1880-1945 offrent un panorama intéressant des styles Art nouveau, Art déco, futurisme, orientalisme, etc.

Galleria d'Arte Moderna★ – *Villa Saluzzo Serra - Via Capolungo, 3 - ✆ 010 37 26 025 - avr.-oct. : 11h-18h, w.-end 12h-19h ; nov.-mars : 11h-17h - fermé lun. - 6 €.* La galerie, logée dans la villa Saluzzo Serra (17e s.) entourée d'un beau parc, expose sur trois étages des tableaux, sculptures, gravures et dessins d'artistes italiens du 19e et du début du 20e s., essentiellement originaires de la région. À noter la très belle série de toiles sur l'abbaye de San Fruttuoso (*p. 69*) réalisées par le peintre Rubaldo Merello (1872-1922). Des œuvres d'art décoratif de la **collection Wolfson** complètent le parcours.

Raccolte Frugone – *Villa Grimaldi Fassio - Via Capolungo, 9 - ✆ 010 32 23 96 - avr.-sept. : 9h-19h, w.-end 10h-19h30 ; oct.-mars : 9h-18h30, w.-end 9h30-18h30 - fermé lun. - 5 €.* La belle villa Grimaldi Fassio (18e s.), célèbre pour sa **roseraie★**

(accès libre), conserve une importante collection d'œuvres d'artistes italiens et étrangers des années 1860-1930, dont *Miss Bell*, de Giovanni Boldini (1842-1931).

Museo Giannettino Luxoro – *Via Mafalda di Savoia, 3 - ✆ 010 32 26 73 - fermé pour travaux au moment de la rédaction de ce guide.* Cette résidence du début du 20e s. propose des œuvres des 17e-18e s. (tableaux, meubles, céramiques, argenterie). Belle collection de statuettes de crèche ainsi qu'un magnifique biribi du 18e s. (jeu de hasard proche du bingo).

Pegli

À 15 km à l'ouest de Gênes - train au dép. des gares de Principe et Brignole - bateau à partir du Porto Antico avec le Navebus (www.amt.genova.it - 8 € AR).

Cette ancienne station balnéaire, chère au cœur des Génois, a vu naître le célèbre chanteur **Fabrizio De André** et l'architecte de renommée internationale **Renzo Piano**.

Si le front de mer est quelque peu décevant, en revanche de belles demeures patriciennes ont contribué à la renommée des lieux au 19e s.

Villa Durazzo Pallavicini★ – *Via Pallavicini, 13 (à la sortie de la gare tournez à gauche) - ✆ 010 85 31 544 - www.villadurazzopallavicini.it - avr.-sept. : 9h30-19h, w.-end 10h-19h ; mars et oct.-nov. : tlj sf lun. 9h30-18h, w.-end 10h-18h - 11 €, 13 € parc et musée.*

Ce **parc** est certainement l'un des plus beaux d'Italie. Conçu vers la moitié du 19e s. par Michele Canzio, décorateur du théâtre Carlo Felice, il est organisé comme une succession de scènes de théâtre agrémentées de petits édifices, de lacs, de grottes et de cascades.

Museo di Archeologia Ligure – *Dans le parc Pallavicini - ✆ 010 40 76 473 - www.museidigenova.it - avr.-sept. : 9h-19h, w.-end 10h-19h30 ; oct.-mars : 9h-18h30, w.-end 9h30-18h30 - fermé lun. - 5 €.* Dans le cadre du palais Grimaldi-Pallavicini, un beau bâtiment érigé au 16e s. et remanié au 19e s. par Michele Canzio, le musée expose la plus importante collection régionale de vestiges archéologiques. Il présente un panorama du matériel mis au jour sur le territoire ligure, des pièces de sites paléolithiques à celles provenant des fouilles des cités romaines.

Visite très intéressante des sections dédiées aux sépultures paléolithiques de la grotte des Arene Candide, aux riches mobiliers funéraires de la nécropole préromaine de Gênes, à la collection d'antiquités grecques et romaines du prince Oddone de Savoie et aux vestiges égyptiens (tombeau du prêtre égyptien Pasherienaset). Parmi les bijoux du musée, on compte les **tablettes assyriennes** données par un missionnaire chrétien génois en 1860.

Le promontoire de Portofino★★★

Le long du littoral oriental du golfe de Gênes s'égrène une série de bourgs paisibles où le temps semble ne pas avoir de prise. Bientôt apparaît Camogli, l'un des villages les plus attachants de la côte, puis Rapallo,Santa Margherita Ligure et enfin, au bout de son promontoire, Portofino… Un nom magique qui évoque l'image de Liz Taylor marchant sur la piazzetta son foulard noué sur la nuque, d'Onassis descendant de son yacht pour prendre un thé à la terrasse de l'Excelsior, et aussi de Sinatra, Churchill, Maria Callas et tous les autres qui ont fait de Portofino la star de la Riviera entre 1925 et 1970. Cette époque est révolue depuis cinquante ans mais, heureusement, Portofino a su se préserver. Au fond de sa crique minuscule, entouré d'un parc naturel qui fait le bonheur des randonneurs, le plus joli port d'Italie continue de refléter dans les eaux calmes de sa baie ses façades colorées… aux enseignes de Gucci et Balenciaga.

▶**Accès :** en voiture, à 35 km au sud-est de Gênes par la E 80 ou par la SS 1 *(comptez 1h)*. Des trains assurent un service régulier au départ de Gênes. Les portes d'accès au Parc naturel régional de Portofino sont **Camogli**, à l'ouest, et **Santa Margherita Ligure** à l'est.

Carte p. 65.

▶**Conseils :** il est fortement déconseillé de se rendre à Portofino en voiture. Le parking, très cher, est souvent complet et, en saison, la route est parfois fermée à cause des embouteillages Mieux vaut utiliser le bus ou les bateaux qui assurent un service régulier (*p. 128*).

Nos adresses p. 88, 98, 106, 109 et 113.

Des promontoires escarpés, des anses minuscules où se blottissent de petits ports de pêche (Bogliasco, Pieve Ligure, Sori), de grandes baies lumineuses, des falaises et des collines couvertes de bois de pins et d'oliviers… le **Golfo Paradiso**, que vous découvrez par la SS1 en longeant la **Riviera di Levante** mérite bien son nom. Camogli ferme l'extrémité occidentale du golfe.

Camogli ★★

Via XX Settembre, 33 - 0185 77 10 66 - fermé dim. apr.-midi. Laissez votre voiture au parking près de la gare et prenez l'ascenseur public (avr.-oct. : 7h-23h, 20h reste de l'année) qui mène Via G. Bono Ferrari, au début de la promenade qui longe la mer.

Le petit **musée de la Mer** rappelle que Camogli a été une véritable puissance maritime pendant une bonne partie du 19e s. *Via G. Bono Ferrari, 42 - ✆ 0185 72 90 49 - www.museomarinaro.it - 9h-12h et aussi 15h-18h le w.-end - fermé lun. - gratuit.*

Un peu plus loin, remarquez l'énorme **poêle** utilisée jusqu'en 1985 pour la *Sagra del Pesce* (*p. 130*) : si la fête a toujours lieu, le récipient, lui, a été changé ! Quelques pas de plus et vous arrivez Via Garibaldi, face à la belle perspective de la plage bordée de hautes façades peintes en trompe-l'œil qui donnent au **Lungomare** un faux air de décor de théâtre. C'est là que se trouvent la plupart des boutiques et restaurants, là aussi que l'on vient se promener, prendre un café ou lire son journal, face à la mer.

Sur l'*isola*, le rocher – autrefois séparé de la terre – qui ferme la plage, se dresse la tour du **Castel Dragone** (12e s.). Tour de guet, puis prison et aquarium, elle accueille pendant l'été des expositions et des événements culturels. Tout à côté, l'église **Santa Maria Assunta**, du 12e s., cache derrière sa sobre façade néoclassique une profusion d'ors et de stucs baroques. Au-delà, barques de pêcheurs et yachts de luxe se partagent l'espace restreint du petit port aux môles encombrés de filets de pêche et de terrasses de café.

Belvedere di San Rocco★★ – *À 5 km au sud-est de Camogli, dir. Ruta (au carrefour de Ruta, prendre à droite Viale F. Molfino). Attention : accès interdit aux voitures le w-end de 8h à 18h. Garez-vous au parking 300 m av. le village (8h-20h : 2 €/h ou 10 €/j). En bus, correspondances à Ruta pour Camogli et Santa Margherita Ligure.*

Du parvis de l'église de San Rocco (19e s.), la **vue★** est imprenable sur Camogli et la côte, de la Punta Chiappa jusqu'à Gênes. C'est le point de départ de belles randonnées.

San Rocco - Punta Chiappa★★★ – *3 km, 2h AR par un sentier escarpé avec beaucoup de marches - facile mais bonnes chaussures indispensables.* Quelques pas sur le sentier suffisent à dévoiler une vue magnifique sur la côte ; à mi-chemin se dresse l'église **San Nicolò di Capodimonte**, bâtie au 12e s., qui conserve des traces de fresques d'origine. *9h-13h, 15h-19h (17h en hiver) - fermé lun.* Plus loin apparaît **Porto Pidocchio** *(points de restauration)*, où, depuis des siècles, d'avril à septembre, est active la *tonnarella*, une petite madrague pour la pêche au thon. Sauvage et battue par les vagues, Punta Chiappa est très appréciée pour la plongée et le *snorkeling*.

San Rocco - Batterie di Punta Chiappa-San Fruttuoso★★ – *11 km, 5h AR - facile jusqu'à Batterie - difficile après.* C'est l'une des randonnées les plus spectaculaires du promontoire. La première partie, assez facile, vous mènera à Batterie di Punta Chiappa, du nom des bunkers antiaériens construits ici pendant la Seconde Guerre mondiale et aujourd'hui centre d'accueil des visiteurs du Parc national de Portofino. La **vue★★★** qui s'en dégage est exceptionnelle. Après Batterie, le chemin devient plus difficile. Il se poursuit à travers le maquis en surplomb de la mer, jusqu'à la crique la plus spectaculaire de la côte, San Fruttuoso (*voir p. 69*).

D'autres sentiers du parc démarrent au lieu-dit de **Portofino Vetta**, à proximité

Aleh Varanishcha/Getty Images Plus

Camogli.

du Portofino Kulm, un magnifique hôtel Liberty aujourd'hui fermé. *à 5 km au sud-est de Camogli dir. Ruta. Au carrefour de Ruta, avant le tunnel, prenez à droite la route encadrée par deux colonnes.*

San Lorenzo della Costa – *À 5 km au sud-est de Camogli par la SS 1.* Sur la droite de la Via Aurelia, reliant Camogli à Santa Margherita Ligure, se dresse l'église de San Lorenzo (13e s.), qui conserve un remarquable **triptyque★** (1499) d'un maître brugeois ayant appartenu au cercle de Hans Memling ou de Gérard David.

La **route panoramique★★** vers Santa Margherita Ligure offre de belles vues sur le golfe de Rapallo.

Santa Margherita Ligure ★★

Piazza Vittorio Veneto - 0185 28 74 85 - www.smlturismo.it - fermé apr.-midi en hiver.

À quelques km du village *glam* de Portofino, Santa Margherita n'en a ni les attraits ni les prétentions. Pourtant elle a beaucoup de charme. Cette élégante station balnéaire, très appréciée de la bourgeoisie milanaise, est un lieu de villégiature agréable, avec sa promenade ombragée en bord de mer, ses façades aux couleurs pastel décorées en trompe-l'œil et sa petite plage en plein centre-ville.

Très fréquentée en été, Santa Margherita Ligure a gardé une authenticité qui la rend très attachante.

Parco Naturale Regionale di Portofino

Paradis des marcheurs, le Parc naturel régional de Portofino offre sur 1200 ha des dizaines de kilomètres de sentiers balisés (se munir de la **Carta dei Sentieri** auprès des offices de tourisme ou au bureau du parc à Santa Margherita Ligure, *voir p. 63*). S'étendant entre Camogli, Portofino et Santa Margherita Ligure, ce balcon naturel s'allonge dans la mer sur plus de 3 km et sépare le **Golfo Paradiso**, à l'ouest, du **Golfo del Tigullio**, à l'est. Le parc présente toutes les caractéristiques d'un milieu de transition entre forêt des Apennins (son point culminant, le Monte Portofino, atteint 610 m) et maquis méditerranéen, entre culture du châtaignier et culture de l'olivier, tradition paysanne et tradition de la mer. Le réseau de sentiers est très dense. La pointe du promontoire, avec ses côtes tombant en à pic dans la mer et ses colonies de corail rouge, présente un fond marin parmi les plus beaux de la Méditerranée.
Au cœur du parc, deux points d'information pour les randonneurs : le **Centro Visite Silvio Sommazzi** (Batterie Chiappa - mars-oct. w.-end 10h-17h) et le **Mulino del Gassetta**, lieu rêvé pour une pause (✆ 320 30 87 036 - www.laportofinese.it - fermé lun. et hiver sf les w.-end de beau temps).
Il existe des **self-guided tours**, offres touristiques tout compris qui incluent les cartes de randonnée, les réservations d'hôtels et de restaurants et un support par téléphone 24h/24 (infos : ✆ 333 69 04 322 - labter@parcoportofino.it).
Ente Parco di Portofino – Viale Rainusso, 1 - Santa Margherita Ligure - ✆ 0185 28 94 79 - www.parcoportofino.it.

Santa Margherita di Antiochia – *Piazza Caprera.* L'église dresse son imposante façade baroque (1750) sur un parvis habillé de galets noirs et blancs, typiquement ligure. L'édifice, appelé aussi Santuario di Nostra Signora della Rosa pour l'image très vénérée de la *Vierge à l'Enfant avec une rose* (sur le maître-autel), garde les reliques de sainte Marguerite et donne son nom au bourg. L'**intérieur** conserve des œuvres d'artistes ligures du 17e s. Parmi elles, la plus importante est *Le Mariage mystique de sainte Catherine*, une œuvre de Valerio Castello (1624-1659),chef de file de la peinture baroque génoise. De la Piazza Caprera partent les commerçantes Via Palestro et Via Cavour qui aboutissent sur la **Piazza Mazzini**. La Via Torino, en face de l'église, mène à la Piazza Martiri della Libertà et au château.
Castello Antico – Le château fut édifié au 16e s. par le doge de Gênes pour contrer les avancées des pirates. Ses huit imposants canons en fer ont disparu du site au 19e s. quand, au vu de leur inutilité, ils furent déménagés au port pour être transformés en... bornes d'amarrage pour les bateaux.
Chiesa dei Cappuccini – *Via Luciano Manara, 6.* Derrière le château, le parvis constellé d'étoiles de l'église des Capucins ménage une belle **vue** sur le port. Si elle est ouverte, entrez voir le crucifix en bois du 15e s., ainsi qu'une remarquable Vierge à l'Enfant du 12e s. *Descendez la ruelle à droite.*

Vous arrivez au petit **Oratorio di Sant'Erasmo**, où marins et pêcheurs ont déposé quelques beaux *ex-voto* en forme de bateaux.

Un peu plus loin, montez l'escalier qui part sur votre droite.

San Giacomo in Corte – *Via San Francesco d'Assisi, 5.* De sa magnifique position panoramique sur la colline San Giacomo, cette élégante église baroque domine le profil de Santa Margherita Ligure. L'intérieur conserve des fresques peintes par Nicolò Barabino au 19e s. La petite porte *(à droite de l'église quand on est face à elle)* vous mènera directement dans les beaux jardins à l'italienne de la Villa Durazzo.

Villa Durazzo★ – *Piazzale San Giacomo, 3 - ✆ 0185 47 26 37 - www. villadurazzo.it - villa : 9h30-13h, 14h-18h (17h en hiver) - 5,50 € ; parc : 9h-19h (17h en hiver) - gratuit.* Une forme cubique, des lignes sobres, deux étages nobles et un toit à pyramide : la Villa Durazzo (1678) est un exemple parfait de construction inspirée. Elle est l'œuvre de **Galeazzo Alessi** (1512-1572), l'architecte qui a marqué de son empreinte l'architecture de la ville de Gênes et dont le style a été très largement copié longtemps après sa mort. L'intérieur abrite quelques beaux exemples de peinture ligure des 17e et 18e s. (Domenico Piola, Giovanni Enrico Vaymer), ainsi que des meubles d'époque, dont de splendides lustres en verre de Murano. Le magnifique domaine de la villa

comprend deux dépendances (Villa San Giacomo et Villa Nido, du 19e s.), des jardins à l'italienne et un vaste parc à l'anglaise. Dans la partie basse du parc, remarquez le petit fragment de coque du **yacht Elettra** du physicien Guglielmo Marconi, inventeur de la radiophonie. C'est depuis l'Elettra, ancré au large de Portofino, que Marconi a transmis par ondes courtes le signal qui a allumé les lumières de l'Exposition universelle de Sidney, en Australie, le 26 mars 1930 !
Autour du domaine, d'agréables ruelles et des escaliers vous ramèneront au port et au centre historique.

La Cervara - Abbazia di San Girolamo al Monte di Portofino ★★

Via Cervara, 10 - 0185 29 31 39 - www.grandigiardini.it - visites guidées de mars à oct. les 1er et 3e dim. du mois à 10h, 11h et 12h - 12 € ; juil.-sept. : messe à 9h dans l'église abbatiale. Sur le Lungomare Rossetti, à 3 km en dir. de Portofino, prenez la route qui monte sur la droite. Il est interdit de se garer à l'abbaye et les places de parking le long de la route sont rares. Mieux vaut venir à pied (30mn de Santa Margherita Ligure) ou en bus (ligne 82 - arrêt Capo Nord).
Ce lieu de rêve, qui surgit dans un site exceptionnel en à pic sur la mer, fut bâti en 1361 par les moines bénédictins et connut son apogée aux 16e et 17e s. Aujourd'hui propriété privée destinée à des concerts et des événements privés, on visite l'**église** pour laquelle Gérard David réalisa en 1507 son célèbre polyptyque de la Cervara, considéré comme un témoignage majeur de la peinture flamande en Italie et à présent dispersé entre le Palazzo Bianco à Gênes, le musée du Louvre à Paris et le Metropolitan Museum of Art à New York, les magnifiques **jardins**★★ et une partie des bâtiments du monastère, dont la tourelle où a été emprisonné François Ier après la défaite de Pavie contre Charles Quint, en 1525.

Portofino ★★★

À 5 km au sud de Santa Margherita Ligure.
Via Roma, 35 - 0185 21 50 37 - fermé la sem. en hiver.
L'accès à Portofino est difficile. Venez le soir tard, hors saison, ou avant 10h pour l'apprécier au calme et sous sa plus belle lumière. Passée cette heure, la route n'est qu'un long embouteillage *(voir « Conseil », p. 61)*. Mieux vaut laisser sa voiture à Santa Margherita Ligure ou Rapallo et prendre le bus, un bateau, ou louer un vélo *(voir p. 128)* ou… venir à pied.
Chemin★★ – *Suivez le panneau « Pedonale per Portofino » - 5,5 km, 1h 15 env. - dép. Piazza Vittorio Veneto à Santa Margherita*. Le sentier longe la SS 227 mais est complètement immergé dans la verdure. Il ménage de très belles vues sur la côte et laisse entrevoir de somptueuses villas, l'ancien port et l'élégante petite plage de sable de **Paraggi**, parfois quelques mâts de voiliers ou les silhouettes blanches de yachts mouillant au large de l'une des baies les plus exclusives au monde. Le château (17e s.) qui ferme la baie est une résidence privée. Le sentier est éclairé la nuit.

« Portofino n'appartient pas seulement aux Italiens mais au monde entier. »

C'est avec ces mots que la courageuse, et tenace, baronne Jeannie Watt von Mumm, tint tête au commandant allemand Ernst Reimers et parvint à le dissuader de faire sauter Portofino et sa presqu'île au moment du retrait des troupes nazies en mars 1945. Portofino ne fut cependant pas à l'abri des folies et des tragédies de la guerre : le nom de la célèbre piazzetta, Piazza Martiri dell'Olivetta, rend hommage à 22 résistants fusillés et jetés dans les eaux cristallines de la plage de l'Olivetta, sur la côte nord de la presqu'île, la nuit du 2 décembre 1944.

Portofino s'inscrit dans un site au dessin parfait, une petite crique silencieuse, protégée des vents par un promontoire escarpé, au cœur d'une végétation « lumineuse », comme disait Pétrarque. La situation exceptionnelle de cet ancien village de pêcheurs a attiré dès les années 1920 les personnalités les plus en vue de la *jet-set*. Alors forcément les pêcheurs se sont adaptés... Ils ont troqué leur vareuse contre un spencer pour conduire leur bateau-taxi, loué à prix d'or chambres et appartements et cédé le hangar de leur bateau à Dior et Louis Vuitton.

Piazzetta – La jolie petite **Piazza Martiri dell'Olivetta**, qui descend en pente douce vers la mer, est *LA piazzetta*, le centre du village envahi par les tables de terrasses de café aux tarifs extravagants.

De la Piazzetta, une ruelle sur la droite monte à l'église **San Martino**, d'origine médiévale mais remaniée au 19e s. Vous remarquerez immédiatement la belle porte en bronze sur laquelle saint Georges déclenche une tempête pour faire fuir les pirates. Elle a été réalisée en 1967 par le sculpteur milanais Costanzo Mongini. À l'intérieur, polyptyque en bois de *La Déposition* par Maragliano (1664-1739).

De retour à la Piazzetta, prenez la Via Roma pour aller voir dans l'**Oratorio di Santa Maria Assunta** ses magnifiques croix de procession, typiques de la Ligurie. Il est rare d'en voir d'aussi richement décorées.

Enfin, rejoignez le Molo Umberto I.

Museo del Parco di Portofino – *Molo Umberto I, 1 - ✆ 337 33 37 37 - www.museodiportofino.it - juin-sept. : 10h-13h, 15h-19h - fermé mar. - 5 €.* Les six suricates roses qui vous surveillent attentivement font partie de cette joyeuse exposition de sculptures en plein air, qui regroupe d'une façon plutôt anarchique les œuvres d'une centaine d'artistes contemporains. Un peu plus loin, montez l'escalier sur la droite vers le Castello Brown et le **Cammino al Faro★★★**. *1h AR, facile. À faire de préférence en fin d'après-midi pour arriver au phare au moment du coucher du soleil.* La balade vous offrira de magnifiques points de vue au cœur d'une végétation d'oliviers, d'ifs et de pins.

San Giorgio – Très vite apparaît l'église San Giorgio qui se dresse, dominante, sur un rocher. Prenez le temps de faire un petit tour au **cimetière**, à gauche de l'église, pour rendre hommage à Jeannie Watt (*voir encadré ci-contre*). Elle habitait juste en face, au **château de San Giorgio**, avec son mari le baron Alfons von Mumm, petit-fils du fondateur de la marque de champagne. Le château est aujourd'hui divisé en appartements.

Castello Brown – *Via alla Penisola, 13 - ✆ 010 251 81 25 - www.castellobrown.com - juil.-août : 10h-20h ; mars-juin : 10h-19h ; sept.-oct. : 10h-18h ; nov.-fév. : 10h-16h - 5 €.* Un peu plus loin, c'est l'ancienne résidence de sir Montague Yeats Brown, consul anglais de 1867 à 1905. Cette forteresse du 10e s., plusieurs fois remaniée, accueille des expositions et conserve quelques œuvres d'art, mais son intérêt principal consiste en la splendide **vue★★★** qu'elle offre sur Portofino et le golfe de Rapallo. Si vous ne voulez pas poursuivre jusqu'au phare, vous pouvez redescendre au port en traversant le parc, la balade est très agréable.

Phare – En continuant la balade, vous trouverez un peu plus loin le départ du sentier qui mène en 10mn à la seule **plage** de Portofino, une petite bande de galets plats orientée au nord, parfaite quand on cherche de l'ombre en plein été !

Le chemin se poursuit entre les jardins des villas luxueuses, que l'on devine derrière des murs de végétation. Enfin, voici le phare, à l'extrémité du promontoire. La **vue★★★** est spectaculaire. Profitez de l'instant et laissez-vous emporter par l'immensité de la mer. Juste en dessous du phare, le bar-lounge Al Faro est l'endroit idéal pour faire une pause avant de rentrer dîner au port (*voir p. 99*).

San Fruttuoso ★★

Accès en bateau de Rapallo, Santa Margherita Ligure, Portofino ou Camogli (voir p. 128).

Accès à pied par des sentiers balisés pour randonneurs en bonne forme physique et équipés de bonnes chaussures (portion abrupte en fin de parcours). Dép. derrière l'église San Martino - comptez 2h, aller seul - montée raide en début de parcours.

L'arrivée en bateau est toujours émouvante : dans un isolement presque complet, au fond d'une anse étroite au pied du mont Portofino, quelques maisons de pêcheurs brûlées par le soleil cernent un grand édifice posé sur la plage, l'**Abbazia di San Fruttuoso★**. Avant de visiter l'abbaye, prenez le temps de vous imprégner de l'atmosphère hors du temps de cet endroit éloigné de tout, en marchant jusqu'à la petite plage.

La visite de l'abbaye, bâtie au 10e s. par les Bénédictins et remaniée par la famille Doria entre le 13e et le 14e s., permet de découvrir ses deux petits cloîtres, l'église primitive, les deux niveaux de galerie avec leurs triplets donnant sur la mer, et la crypte où gisent les tombeaux des Doria. *✆ 0185 77 27 03 - juin-15 sept. : 10h-17h45 ; avr.-mai et 2e quinz. sept : 10h-16h45 ; oct.-mars : 10h-15h45 - dernière entrée 45mn av. fermeture - fermé lun. en hiver - 8 € (supplément en cas d'exposition).*

La **Torre Andrea Doria** a été élevée plus tard, en 1552, pour protéger le petit bourg des incursions de pirates.

Moonstone Images/Getty Images Plus

Le site enchanteur de San Fruttuoso.

Depuis 1954, le **Christ des abysses**, statue de bronze de 2,50 m de haut, attend les bras ouverts les amateurs de plongée par 17 m de fond. Les eaux sont si limpides qu'on l'aperçoit souvent depuis la surface.

Rapallo ★

À 4 km au nord de Santa Margherita Ligure par la S 27.

ℹ Lungomare Vittorio Veneto, 38 - ✆ 0185 23 03 46.

Admirablement située au fond du golfe du Tigullio, la ville a conservé nombre d'édifices Liberty et un agréable centre-ville traversé par trois rues parallèles où se concentre l'activité de la ville : Via Marsala, Via Mazzini et Via Venezia.

Le beau Lungomare Vittorio Veneto, ombragé de palmiers longe la mer et vous mène au **château** (1551) qui semble posé sur l'eau, à l'entrée du port *(expositions en été)*.

De là, la Via Avenaggi mène à la **Villa Tigullio**, nichée dans le verdoyant **Parco Casale**, qui accueille le **Museo del Merletto**. Le musée rend un bel hommage à l'art local de la dentelle avec plus de 1400 œuvres du 16e au 20e s. : vêtements, accessoires, croquis. *✆ 041 730 034 - tlj sf lun. 10h-16h - 5 €.* À 10mn à pied du centre, vers le nord, se trouve le départ du téléphérique du **Santuario di Montallegro**★ (16e s.). Considéré comme l'un des sanctuaires les plus importants de Ligurie, il abrite des centaines d'ex-voto, dont certains sont de véritables objets d'art. Situé à 600 m d'altitude, il offre une **vue**★★ incomparable sur le promontoire de Portofino et la côte. *Funiculaire : Piazzale Solari, 2 - ✆ 0185 52 341 - dép. ttes les 30mn - 9h30-12h30, 14h30-18h30 (17h30 l'hiver) - 8 € AR. Sanctuaire : www.santuarionsmontallegro.com - 8h-18h, w.-end 7h30-18h30.*

Vers les Cinque Terre

Au long des 57 km qui séparent le promontoire de Portofino des Cinque Terre, deux sites méritent une halte : la Basilica dei Fieschi et le charmant village de Sestri Levante.

Basilica dei Fieschi★

Carte p. 75.

San Salvatore di Cogorno, à 17 km à l'est de Rapallo par la SS 1 et la SP 33 - ✆ 0185 38 02 45.

Loin de l'agitation de la côte se dresse l'un des témoins les plus importants de l'art roman ligure. L'édification de la basilique a commencé en 1244 à la demande de Sinibaldo Fieschi, fraîchement élu pape sous le nom d'Innocent IV. C'est un autre Fieschi, le futur pape Adrien V (Ottobono), qui la terminera en 1276 et y déposera des reliques de la Vraie Croix. Cette durée de construction relativement courte explique l'harmonie de l'édifice, qui n'a souffert d'aucun ajout ni modification au cours des siècles. Remarquez l'élégance de la façade alternée en bandes de marbre blanc et d'ardoise provenant des carrières voisines de Val Fontanabuona. La fresque qui orne la lunette au-dessus du portail (15e s.) représente la Crucifixion, avec la Vierge, saint Jean et les deux papes Fieschi, Sinibaldo (à gauche) et Ottobono (à droite). À l'intérieur, vous serez frappé par la lumière et la sobriété de l'édifice. Au-dessus de l'autel, la belle croix de procession constitue pratiquement le seul élément décoratif de l'ensemble.

En face de la basilique se dressent le **Palazzo Fieschi**, élégant édifice de style gothique génois (13e s.), désormais abandonné aux herbes folles, et l'oratoire baroque de San Salvatore *(ne se visite pas)*.

Sestri Levante★

Carte p. 75

À 20 km au sud-est de Rapallo par la SS 1. Corso Colombo, 50.

Voici un petit promontoire boisé séparant deux baies aux noms évocateurs : la **Baia delle Favole** (baie des Contes de fées), moderne et animée, et la plus intimiste et romantique **Baia del Silenzio★** (baie du Silence). La localité émerveilla Hans Christian Andersen, qui y séjourna en 1835. Sestri Levante lui dédie chaque année le célèbre Festival Andersen (*www.andersenfestival.it*), un ensemble de spectacles de musique, de cirque, de théâtre et d'événements autour du prestigieux prix Andersen de littérature jeunesse.

Dans le joli bourg, la **Galleria Rizzi** expose une collection de peintures et d'objets d'art décoratifs du 15e au 18e s. *Via Cappuccini, 8 - ✆ 0185 41 300 - www.galleriarizzi.com - mai-sept. : merc. 16h-19h, dim. 10h-13h (vend.-sam. 21h30-23h30 en juil.-août) - 5 €.*

Le **MuSeL** (musée de Sestri Levante) comprend une section archéologique et une section dédiée à l'histoire de la ville. *Palazzo Fascie, Largo Colombo, 50 - ✆ 0185 47 85 30 - www.musel.it - 10h-13h, 14h-17h - 5 €.*

Les Cinque Terre★★★

Cinq villages multicolores, Monterosso, Vernazza, Corniglia, Manarola et Riomaggiore, sont accrochés entre ciel et mer le long d'une côte oubliée du monde jusqu'à une époque très récente. Sur ces pentes escarpées, arides et rocailleuses, où la seule « part de richesse est l'odeur des citrons » (E. Montale ; Os de seiche), l'homme a façonné de ses mains un paysage spectaculaire. Pendant plus de mille ans, les habitants de ces terres isolées ont élevé des milliers de kilomètres de murets de pierre sèche pour soutenir les cultures en terrasses de vignes et d'oliviers, qui leur ont permis de subsister. Avec comme conséquence d'avoir développé une relation très particulière à leur territoire, mêlée de fierté et résignation. Protégées par un parc national très attentif à la préservation de leur patrimoine culturel et environnemental, les Cinque Terre ne sont pas une destination touristique comme les autres. Ici pas de grands hôtels ni de plages aménagées. Mais des villages au charme authentique et un arrière-pays intact sillonné de chemins millénaires creusés entre ciel et mer, à découvrir de préférence hors saison. Les Cinque Terre, Portovenere et les îles de Palmaria, Tino et Tinetto sont inscrites au Patrimoine mondial de l'Unesco depuis 1997.

▶**Accès :** à 75 km à l'est de Gênes par l'E 80, sortie Levanto, à l'ouest, ou La Spezia, à l'est. En train, 1h à 1h30 de Gênes à Levanto (*www.trenitalia.com*). Des bus et des trains font ensuite la liaison jusqu'aux villages. Bateaux au départ de Portofino, La Spezia ou Levanto. *« Voyager dans la région » et « Visites », p. 126 et 128.*

Carte p. 75.

▶**Conseils :** on peut atteindre les villages en voiture mais les routes sont tortueuses et d'avril à septembre la circulation est particulièrement compliquée. Les grands parkings de Monterosso et Riomaggiore sont bondés l'été.

Mieux vaut laisser sa voiture au grand parking derrière la gare de Levanto (attention : le parcmètre n'accepte pas de carte bancaire) et prendre le train qui s'arrête à chaque village. Les trajets entre chaque gare ne durent que quelques minutes. Pour cela, la Cinque Terre Treno MS Card est indispensable (*p. 128*). À partir de Monterosso, vous pouvez aussi explorer la région à pied (*encadré p. 74 et « Gênes Pratique » p. 128*), ou alterner trajets en train et randonnées à pied.

Nos adresses p. 91, 100, 107 et 114.

Parco Nazionale delle Cinque Terre

Avec ses 3800 ha et ses 4000 habitants, le Parco Nazionale delle Cinque Terre, institué en 1999, est le plus petit parc national d'Italie mais c'est le plus peuplé. Le paysage du parc se caractérise par des terrasses étagées, plantées de vignes ou d'oliviers, à pic sur la mer et soutenues par quelque 7000 km de murets de pierre sèche. Ses ressources reposent sur la production agricole du cru (huile d'olive, miel, vin, citrons de Monterosso), sur la pêche et, bien évidemment, sur le tourisme, qui attire plus de 2 millions de visiteurs par an.

Le parc est traversé par 120 km de sentiers balisés très bien entretenus. Le plus célèbre, le **Sentiero Verde Azzurro** (SVA), qui traverse les cinq villages en longeant la côte, a été en bonne partie fermé suite aux inondations de 2011. Seuls les tronçons Monterosso-Vernazza et Vernazza-Corniglia sont ouverts, ainsi que 200 m de la célèbre Via dell'Amore entre Manarola et Riomaggiore. L'**Alta Via delle Cinque Terre** (AV5T) est un sentier d'altitude long de 33 km qui relie Levanto à Portovenere par les crêtes. Des sentiers intermédiaires permettent de rejoindre les hameaux et les sanctuaires de l'arrière-pays.

La **Cinque Terre Trekking Card** vous sera indispensable pour accéder au SVA et bénéficier d'autres services, en particulier utiliser le bus pour rejoindre les différents départs de randonnée (voir p. 128). L'accès aux sentiers du Parc est réservé aux personnes correctement chaussées (chaussures de randonnée). L'amende peut aller jusqu'à 2500 €. Avant de partir, renseignez-vous sur l'état des chemins et munissez-vous de la « Carta dei Sentieri » auprès des centres d'accueil ou sur le site du Parc.

Parco Nazionale 5 Terre –www.parconazionale5terre.it - centres d'accueil aux gares des cinq villages ainsi qu'à celles de Levanto et La Spezia – 8h-18h.

Levanto

Piazza Cavour - 0187 80 81 25 - www.visitlevanto.it - fermé dim. apr.-midi. Centre accueil Parco Cinque Terre : Stazione Ferroviaria - 0187 80 13 12.

Au centre d'une vallée pittoresque ponctuée de bourgs médiévaux (Levaroggio, Dosso, Montale), Levanto, a longtemps été une villégiature appréciée de la noblesse génoise. Dotée d'une plage de sable fin, la petite ville réserve une agréable promenade le long de ses rues animées (Via Garibaldi, Via Vinzoni ; remarquez les drôles de caricatures peintes au Moyen Âge sur la maison à l'angle de ces deux rues), la **Piazza Cavour**, cœur du centre-ville, et la **Piazza Staglieno**, ouverte vers la plage et où se concentre l'activité de la ville. Non loin de là, se trouve la belle **Loggia Comunale** du 13e s.

À quelques minutes à pied, se dresse l'église **Sant'Andrea** (13e s.), bel exemple de gothique ligure avec ses bandes blanches et vert foncé en marbre et serpentine. À l'intérieur, voyez le très vénéré crucifix du 15e s. De retour vers le centre, la **Via Guani**,

bordée d'habitations de marchands du 15e s., mène par un escalier au noyau le plus ancien de la ville, où se dresse l'église **Santa Maria della Costa**. Sur la façade, le bas-relief de saint Georges et le dragon, du 16e s., aurait été réalisé par Giovanni Gagini. Juste derrière, se trouve l'**Oratorio di San Giacomo** (fin du 16e s.), où un bas-relief au-dessus du portail représentant un pèlerin avec un bâton et une coquille St-Jacques nous rappelle que Levanto se trouvait sur la route de St-Jacques-de-Compostelle. Au-dessus de la gare, le couvent-église de la **Santissima Annunziata** (15e et 17e s.) abrite des oeuvres de Sacchi (16e s.) et Strozzi (17e s.).

Monterosso ★

Stazione Ferroviaria - ✆ 0187 81 70 59.
Le premier village des Cinque Terre est coupé en deux par un promontoire, la Punta Mesco, qui sépare l'ancien bourg de la partie la plus récente, **Fegina**, où se trouve la gare. C'est le village ie plus « aménagé » des Cinque Terre : parking, hôtels, restaurants et une grande plage de sable au bout de laquelle vous ne pouvez pas manquer la colossale statue de Neptune, le **Gigante**, figure de proue en béton de la Villa Pastine (A. Minerbi, 1910), malheureusement très abîmée par les bombardements qui ont détruit la villa en 1943. Parmi ses maisons Belle Époque, Fegina s'enorgueillit de posséder la demeure de la famille du poète **Eugenio Montale** (1896-1981), prix Nobel de littérature en 1975, qui y a passé tous les étés de sa jeunesse.
La Via Fegina longe la mer jusqu'au centre historique. *Au lieu de prendre le tunnel qui traverse le promontoire, poursuivez le long de la mer.*

Faites votre choix !
Pour visiter les Cinque Terre, il faut prendre son temps. Prévoyez deux villages par jour en fonction de vos goûts : Monterosso, avec ses belles plages de sable, est la destination familiale idéale ; Vernazza est un petit bijou très touristique ; Corniglia, un beau village perché qui n'a pas accès à la mer ; Manarola, le point de départ rêvé pour les randonneurs, et Riomaggiore, un bourg très animé et très pentu !

Vous passerez sous la **Torre Aurora**, l'une des trois survivantes des 13 tours qui défendaient le village. À travers les barreaux d'une fenêtre, vous verrez un bunker qui a survécu à la Seconde Guerre mondiale.

Rejoignez la Piazza Garibaldi.

Dans le centre historique, traversé par la vivante Via Roma, l'église **San Giovanni Battista** (13e s.) se signale par sa belle façade à bandes alternées noires et blanches et sa grande rosace gothique du 15e s. À côté, l'**Oratorio dei Neri** rappelle par ses innombrables références à la mort qu'il dépendait de la confrérie en charge des enterrements des plus démunis, (beau crucifix noir à droite de l'autel). Il est le pendant de l'**Oratorio dei Bianchi,** situé plus haut (*Via Gioberti*).

De la Piazza Garibaldi, un chemin monte au paisible **Convento dei Cappuccini**★ (17e s.). L'église abrite une *Crucifixion* de Van Dyck et un *Saint Jérôme* de Luca Cambiaso.

Ne partez pas sans avoir découvert la vue du belvédère situé derrière le couvent, sous la statue de saint François et le loup. Dans les hauteurs de Monterosso, à 418 m d'altitude, niche le **Santuario della Madonna di Soviore** (13e s.). *1h15 de marche à partir du centre historique.*

Vernazza ★★

Stazione Ferroviaria - ✆ 0187 81 25 33.

C'est le village le plus intime et le plus photogénique des Cinque Terre. En arrivant de Monterosso par le SVA *(sentier côtier - 1h20)*, la **vue**★★★ est fantastique : avec ses hautes maisons colorées serrées autour de l'adorable **piazzetta**★★, qui rassemble les cafés et les restaurants, Vernazza compose une image inoubliable. Remarquez l'église **Santa Margherita di Antiochia** (1318), les pieds dans l'eau, dont le clocher était l'un des éléments défensifs les plus importants du village. Entrez voir la belle lumière qui baigne cette église, l'une des plus représentatives du roman ligure. À l'autre extrémité du village se dresse le **Castello Doria** *(1,50 €)* et, là encore, la **vue**★★★ est spectaculaire.

Pour vous baigner, il faut redescendre dans la Via Roma et passer sous l'arche creusée dans la roche qui conduit à une petite plage de galets.

Sur les hauteurs de Vernazza veille le **Santuario della Madonna di Reggio** (1248), à 325 m d'altitude (*1h30 de marche à partir du centre)*.

Corniglia ★

Stazione Ferroviaria - ✆ 0187 81 25 23. La gare est dans la partie basse du village, non loin de la plage. Pour

Des vins rares

En randonnant sur les sentiers du Parc national des Cinque Terre, vous remarquerez de curieuses installations au milieu des vignes : des monorails, équipés d'un petit moteur et d'un siège, épousant la pente des terrasses qui descendent à pic vers la mer. Cet ingénieux système facilite le travail des exploitants de ces parcelles sur lesquelles on cultive un vin blanc sec DOC Cinque Terre et un vin liquoreux très alcoolisé (18°), le célèbre **sciacchetrà**.
Les offices de tourisme du parc proposent le « Sentiero dei Vini », à la découverte des vignerons des Cinque Terre (www.parconazionale5terre.it).

monter au bourg, une navette part toutes les 20mn, vous évitant ainsi les 377 marches de l'escalier de la Lardarina.

Haut perché sur un éperon de 100 m, Corniglia est très différent des autres « terre ». Sans accès à la mer, avec ses maisons basses et grises, il a le charme un peu sévère des villages longtemps isolés du monde. Sa rue principale, la Via dei Fieschi, mène à une extrémité, à l'église **San Pietro** (14e s.) et, à l'autre, au belvédère qui dévoile une **vue**★★ imprenable jusqu'à Monterosso. Quoique dépourvu d'accès à la mer pour les bateaux, Corniglia possède une plage de galets que l'on rejoint par la **Lardarina**, un escalier de 377 marches.

Manarola ★★

Stazione Ferroviaria - 0187 76 05 11.

Manarola est le plus attrayant des cinq villages ; de l'extrémité de la Via di Corniglia vous en aurez la vue la plus belle. À peine protégé par son étroite jetée, ce bourg de pêcheurs, encastré au fond d'une crique de rochers noirs qui plongent dans l'eau turquoise en formant un ensemble de piscines naturelles, est d'une beauté rare.

Manarola est encore plus charmant pendant la période de Noël, quand la colline à l'arrière devient une immense **crèche lumineuse**. C'est un employé des chemins de fer à la retraite, Mario Andreoli, qui l'a créée, il a mis trente ans à la réaliser.

Dans la partie haute du village, se dresse la petite église **San Lorenzo**, du 14e s., qui abrite des oeuvres remarquables du Maestro delle Cinque Terre (15e s.), auteur du polyptyque de la Vierge au-dessus de l'autel et du triptyque de saint Laurent sur le latéral gauche. De la pittoresque Via Birolli, où l'on gare son bateau comme une voiture, vous atteignez la gare, d'où part la splendide **Via dell'Amore**★★. Malheureusement seul un tronçon assez court est ouvert ; mais même sur 200 m, il vaut la peine pour ses beaux points de vue.

Manarola est le point de départ de plusieurs randonnées. Un **sentier**★★ magnifique conduit à Corniglia *(2h30 - fermé au moment de la rédaction de ce guide)* en passant sur les hauteurs par les vignobles et les oliviers étagés en terrasses. Vues à couper le souffle sur la côte et les deux villages. Sur les hauteurs se dresse le **Santuario di Volastra**, auquel on peut accéder en bus de Manarola. Du sanctuaire, on peut emprunter le sentier pour Corniglia, qui s'avère, sur ce tronçon, une balade très facile sans dénivelé, suivie par une brève descente en forte pente sur le village.

Riomaggiore ★

Stazione Ferroviaria - ✆ 0187 92 06 33.

C'est le plus ancien des villages. La rue principale, la Via Colombo, relie l'adorable petit **port de pêche★** et la partie haute du village, dominée par l'église **San Giovanni Battista** (14e s.). Si elle est ouverte, entrez admirer le triptyque du Maestro delle Cinque Terre qu'elle abrite (*Vierge à l'Enfant avec saint Roch et saint Sébastien*).

À gauche du port, un chemin à flanc de falaise conduit à l'embarcadère et à une plage de galets plats.

Mieux que le château, qui ne se visite pas, le **Santuario della Madonna di Montenero** (*1h du centre*) vous offrira un **panorama★★★** magnifique sur les Cinque Terre.

Portovenere ★★

Piazza Bastreri, 7 - ✆ 0187 79 06 91 - fermé merc. en hiver - www.parconaturaleportovenere.it

Le **Parco Naturale di Portovenere** englobe les îles de Palmaria, Tino et Tinetto, à l'extrémité sud du **Golfo dei Poeti**, ainsi nommé en hommage au séjour des poètes Byron et Shelley. Ici la nature est sauvage. C'est un univers karstique exceptionnel creusé de grottes profondes et couvert d'un maquis luxuriant. *Palmaria est reliée par bateau ttes les 30mn l'été et 6/j l'hiver (✆ 347 802 48 17 - www.barcaioliportovenere.com).*

Tino et Tinetto, zones militaires, ne sont pas accessibles au public, sauf le 13 sept., jour de la San Venerio, et le dim. suivant.

Portovenere aligne ses hautes maisons colorées de part et d'autre d'une rue unique qui mène à **San Pietro**, la petite église qui s'élève solitaire tout au bout de son promontoire. En plus de son caractère indubitablement photogénique, elle mérite une visite. Prenez le temps d'apprécier la belle alternance du marbre et de la serpentine, la géométrie presque parfaite de l'abside de l'église du 6e s., la ravissante loggia, juste à côté, et bien sûr la vue sur la mer et Palmaria. *8h30-19h (17h30 en hiver).*

Remontez vers le château.

Sur le chemin, une porte ouverte dans la muraille vous permet de descendre jusqu'à la mer, en face de la **grotte de Byron**, où le poète venait à la nage depuis Lerici, le village de l'autre côté du golfe, à 9 km tout de même !

Le **château Doria** (12e-16e s.) est une forteresse imposante, véritable modèle d'architecture militaire. Il est devenu un site de nidification des mouettes particulièrement protégé. *10h-13h, 14h30-17h30 - 6 €.*

De retour vers la Via Cappellini, arrêtez-vous visiter **San Lorenzo**, qui conserve l'image de la très vénérée Madone Blanche, fêtée le 17 août lors d'une procession nocturne magnifique.

Portovenere, église San Pietro

NOS ADRESSES

Promenade à Portofino.
LucaLorenzelli/Getty Images Plus

Se restaurer

Gênes possède une foule de restaurants pour déjeuner ou dîner, des *friggitorie* et *focaccerie* aux tables gastronomiques, en passant par une infinité d'établissements entretenant la tradition culinaire ligure (*« Restauration », p. 123 et « Gastronomie », p. 152*).

Repérez les adresses sur nos plans grâce aux pastilles numérotées (ex. 1). Les coordonnées en rouge (ex. C2) font référence au plan détachable (à l'intérieur de la couverture) et au plan de quartier de la vieille ville (ex. Y3).

Le port

Plan de quartier **p. 17**

Moins de 20 €

31 **Antica Friggitoria Carega** – **E5** - *Via Sottoripa, 113r - M San Giorgio - 010 247 06 17 - fermé lun. - 8h30-19h -* . Adresse incontournable pour déguster sur le pouce un cornet de calamars ou de poisson frit.

30 **Fish Lab** – **D5** - *Belvedere Vittorio Pertusio, 6 - 348 888 6176 - été : 11h30-15h30, 18h30-22h30 - fermé le soir en hiver.* La Coopérative des pêcheurs de Gênes a ouvert ce minuscule restaurant doté de quelques tables sur le quai afin de promouvoir les produits de la pêche locale. Fraîcheur imbattable donc pour l'excellent *fritto misto*, le fish and chips local, fait avec le poisson du jour ! Cornets de friture et paninis au poisson à emporter. Attention, site fermé en cas de mauvais temps.

32 **Cavour 21** – **D6** - *Piazza Cavour - M San Giorgio - 393 851 11 40 - 12h-14h30, 19h-22h30 - fermé lun.* L'adresse idéale pour découvrir la cuisine ligure en toute convivialité. Essayez les plats au *pesto* (le restaurant a gagné une édition du Pesto Championship !) ou les calamars frits d'anthologie. L'endroit est toujours bondé : un signe qui ne trompe pas !

33 **Eataly** – **D6** - *Porto Antico, Edificio Millo - M San Giorgio - 010 869 87 21 - www.eataly.net - 10h-22h.* Au 3e étage du bâtiment Millo, l'occasion de découvrir la cuisine et les bons produits ligures avec, en plus, une vue imprenable sur le port. Côté magasin, on retrouve sur les étals toute la Ligurie et l'Italie. Mention spéciale aux rayons vins, huiles d'olive et sauces pour les pâtes. Toujours à l'intérieur d'Eataly, **Il Marin** est un restaurant panoramique où la cuisine inventive de Marco Visciola et de sa jeune équipe met poissons et crustacés à l'honneur. *010 869 87 22 - 40/50 € - fermé mar.*

34 **Gran Ristoro** – **E6** - *Via Sottoripa, 14 - M San Giorgio - 010 247 31 27 - 8h30-19h - fermé dim.* Pour des *panini* exceptionnels, avec un choix de salamis, de jambons et de fromages qui plonge dans des abîmes d'indécision. Beaucoup de monde : patience de rigueur le midi !

35 **Panino Marino** – **D5** - *Piazza Caricamento, 65r - M San Giorgio -*

℘ 010 86 07 784 - www.paninomarino.com - 12h-15h30, 18h30-23h30. Juste en face de l'Aquarium, un endroit jeune et dynamique qui propose d'appétissants sandwichs à base de poisson à midi, et un apéritif « marin » le soir, avec plats de poisson cru ou frit.

36 **Pizzeria Savô** – **D5** - *Via al Ponte Calvi, 16r - Ⓜ San Giorgio - ℘ 010 85 68 593 - www.pizzeriasavo.it - 12h-15h, 19h-22h, sam. 19h-23h, dim. 19h-22h30 - fermé mar.* L'adresse, dont le nom signifie « goût » en dialecte génois, promet l'expérience d'une pizza gourmet… Et, en effet, le menu décline la pizza dans toutes ses possibilités en utilisant des ingrédients très sélectionnés.

De 20 à 40 €

18 **Trattoria della Raibetta** – **E6** - *Vico Caprettari, 12r - Ⓜ San Giorgio - ℘ 010 246 88 77 - www.trattoriadellaraibetta.it - 12h-14h, 19h30-22h - fermé lun.* Authentique cuisine ligure dans une belle salle voûtée, au sein d'une ambiance chaleureuse. Excellents anchois panés *(acciughe impanate e fritte)* et carte des vins vertigineuse. Service attentionné.

40 **Osteria di Vico Palla** – **D6** - *Vico Palla, 15r - ℘ 010 2466575 - www.osteriadivicopalla.com - fermé lun. - réserv. conseillée par tél.* C'est, depuis 400 ans, le temple de la cuisine ligure traditionnelle. Au menu : *stoccafisso, panissette* (bâtonnets de pois-chiche frits), tartes aux légumes, *minestrone genovese, mandilli al pesto*, le *bagnun* d'anchois (une soupe de poissons typique de la Ligurie) et, au dessert, la très traditionnelle *sacripantina*.

La vieille ville

Plan de quartier **p. 22**

Moins de 20 €

1 **Antico Forno della Casana** – **Z1-2** - *Vico della Casana, 17r - Ⓜ De Ferrari - ℘ 010 251 50 32 - 7h30-14h, 16h-19h30 - fermé dim.* Vaste choix de *focacce* et de pizzas dans une boutique moderne assez grande. À emporter ou à déguster sur place.

2 **Antico Forno Patrone** – **Z3** - *Via di Ravecca, 72 - Ⓜ Sarzano - ℘ 010 251 10 93 - www.panificiopatrone.it - 7h-19h30 - fermé dim.* Une *focacceria* historique qui passe pour l'une des meilleures de la ville. Beaucoup de choix, d'excellents gâteaux et la possibilité de s'asseoir à de petits comptoirs pour manger sur le pouce. Prévoir une belle file d'attente !

22 **Focaccia e Dintorni** – **Y2** - *Via Canneto Il Curto 7 - ℘ 010 247 21 54 - 7h-20h.* Une adresse très prisée de la vieille ville. Cette petite *focacceria* vend une vaste gamme de *focacce, pizze, farinate* et friandises.

5 **Tripperia La Casana** – **Z1** - *Vico della Casana, 3r - Ⓜ De Ferrari - ℘ 010 247 43 57 - ⊠ - 8h30-12h30, 16h-19h - fermé dim.* Triperie historique, carrelée de blanc et inchangée depuis des décennies, avec l'odeur entêtante qui va avec et la marchandise présentée en vitrine… Dans les deux grandes marmites en cuivre sont préparées des tripes aux haricots, selon une recette transmise de génération en génération. Quelques tables sur place.

8 **Sa' Pesta** – **Y2** - *Via dei Giustiniani, 16r - Ⓜ De Ferrari/San Giorgio - ℘ 010 246 83 36 - www.sapesta.it - 12h-14h,*

19h-20h30 - fermé dim. et soir sf jeu.-sam. Séduisant cadre à l'ancienne avec carreaux de faïence blancs et verts, tables en bois et en marbre, service informel et clientèle locale, pour savourer les classiques de la cuisine ligure : *farinata, torta di verdure* (tarte aux légumes), etc.

De 20 à 40 €

16 **La Cantina Clandestina** – **Z1** - *Salita Pallavicini, 25r - M De Ferrari - ✆ 010 85 96 069 - www.lacantinaclandestina.it - 12h-15h, 19h30-23h30 - fermé sam. midi, dim. et lun.* Un établissement qui mêle style moderne avec détails anciens et propose une cuisine solidement ancrée dans les racines régionales mais avec des touches innovantes.

3 **Ombre rosse** – **YZ2** - *Vico Indoratori, 20 - ✆ 010 275 76 08 - 19h-0h - w.-end : aussi 12h-16 - fermé lun.-mar. - facebook : OmbreRosse.Ge.* Une cuisine simple, ligure et méditerranéenne, qui compte plusieurs recettes végétariennes et véganes. On apprécie le parti pris bio et les ingrédients provenant de petits producteurs locaux. Terrasse agréable l'été et atmosphère cosy en hiver.

6 **La Forchetta Curiosa** – **Z3** - *Piazza Negri, 5r - M Sarzano - ✆ 010 251 12 89 - www.laforchettacuriosa.com - 12h30-14h30, 19h-23h30.* Petite *osteria* typique tout près du Museo Sant'Agostino, en face du théâtre della Tosse. Agréable terrasse aux beaux jours pour déguster de bonnes spécialités ligures. Vins biodynamiques.

4 **Lo Zimino** – **Y2** - *Vico delle Scuole Pie, 4 - M San Giorgio - ✆ 010 403 03 21 - 12h-15h30 - fermé w.-end.* Adresse très appréciée des Génois, toujours bondée et aux prix imbattables, pour déguster des plats authentiquement ligures sur place ou à grignoter sur la jolie Piazza Cinque Lampadi à deux pas.

10 **Trattoria da Gianna** – **Y2** - *Vico delle Camelie, 26r - M Sarzano - ✆ 010 24 68 659 - www.trattoriadagianna.it - 19h15-22h30, vend.-dim. 12h30-14h30, 19h15-22h30 - fermé lun.* Nappes à carreaux et déco intemporelle : une *trattoria* accueillante pour savourer une cuisine traditionnelle empreinte de simplicité. Une institution du quartier de Castello vieille d'un demi-siècle.

11 **Trattoria Ugo** – **Z2** - *Via dei Giustiniani, 86r - M De Ferrari - ✆ 010 246 93 02 - 12h-14h, 19h30-22h (21h30 dim.) - fermé dim.-lun.* Trattoria historique au décor rustique, où l'on vous accueille avec le sourire. Bonne cuisine traditionnelle à déguster dans une ambiance décontractée. Ne manquez pas, entre autres spécialités, les délicieux et très copieux plats de pâtes au *pesto*. Réservation conseillée, surtout le soir en fin de semaine.

14 **RossoCarne** – **Z3** - *Via di Ravecca, 75r - M Sarzano - ✆ 010 253 05 18 - www.rossocarne.it - 19h-0h - fermé dim.* Comme son nom l'indique, les amateurs de viandes rouges seront à la fête dans ce petit restaurant (réservation recommandée) tenu par un boucher de métier. Charcuteries et viandes issues du circuit court sont présentées à l'entrée. Serveurs prévenants et ambiance conviviale.

26 **Trattoria Rosmarino** – **Z2** - *Salita del Fondaco, 30 - M De Ferrari -*

010 251 04 75 - www. trattoriarosmarino.it - 12h30-14h30, 19h30-22h30, dim. 12h30-14h30. Une adresse proche de la Piazza De Ferrari, où l'on prend place dans un décor apaisant à dominante verte, allusion au romarin qui lui a donné son nom. Cuisine ligure inventive, plats de saison bien présentés et beau choix de vins. Réservation vivement conseillée.

19 **Trattoria delle Grazie** – **Y2** - *Via delle Grazie, 48 - M Sarzano/ San Giorgio - 010 869 82 40 - 12h15-14h45, 19h15-22h30 - fermé merc. et à midi lun.-mar.* Une porte Renaissance en marbre noir prélude à l'élégance atypique de ce restaurant, installé sous les voûtes d'un vénérable palais. Poissons et produits de la mer sont à l'honneur.

21 **E Prïe Rosse** – **Z3** - *Via di Ravecca, 54-56r - M Sarzano - 010 251 25 91 - tlj 12h30-14h30, 19h30-23h.* Excellente cuisine à déguster dans un cadre rustique, parmi d'innombrables bouteilles de vin. Et, comme on le clame ici, la cuisine n'est pas seulement génoise : les jambons accrochés et l'une des spécialités, le foie gras, sont là pour le rappeler. Chaleureux accueil francophone.

29 **Zupp** – **Z2** - *Piazza San Matteo 6a/b - 010 236 28 21 - www. zupp.it - merc.-vend. 8h30-0h, w.-end 11h30-0h.* Juste en face de la belle église San Matteo, un cadre jeune et moderne pour cette adresse qui, comme dit son nom, propose des soupes appétissantes, mais aussi d'autres mets et des desserts alléchants. Idéal aussi pour un apéritif ou une pause pendant la journée.

De 40 à 60 €

12 **Locanda Spinola** – **Y1** - *Vico della Scienza, 17r - M De Ferrari/San Giorgio - 010 40 77 266 - www. locandaspinola.it. - 12h30-14h30, 19h-23h.* Restaurant traditionnel en face du Palazzo Spinola pour déguster des plats typiquement ligures comme les petites pâtes au ragoût de poulpe *(trofie nere al ragù di polpo)* ou des classiques comme les lasagnes et autres raviolis savoureux. Intéressantes formules déjeuner.

17 **Officina 34** – **Z3** - *Via di Ravecca, 34 - M Sarzano - 010 302 71 84 - 12h-15h30, merc.-vend. 12h-15h30, 19h30-0h, sam. 19h30-0h - fermé dim.* Le plus branché des nombreux restaurants de la Via di

Courtesy I Canovacci

Restaurant I Canovacci (p. 86).

Ravecca, avec un décor minimaliste des plus réussis qui séduit une clientèle de *yuppies*. La présentation des plats met en appétit.

Plus de 70 €

38 **The Cook** – **Z2** - *Vico Falamonica, 9r* - Ⓜ *De Ferrari* - ✆ *010 97 52 674 - thecookrestaurant.com - 12h30-13h45, 19h30-21h45 - fermé mar.* Deux salles magnifiques, décorées de panneaux peints par Tavarone et Bernardo Castello, avec une fresque au plafond de Bernardo Strozzi : voilà l'exceptionnel cadre historique qui accueille la cuisine du chef Ivano Ricchebono, hommage au territoire, mais avec une touche créative.

41 **Hostaria Ducale** – **Z2** - *Salita San Matteo, 29 r* - ✆ *010 455 2857 - www.hostariaducale.it - 19h30-21h30, w.-end aussi 12h30-14h30 - fermé merc.* Le jeune chef Daniele Rebosio, qui a fait ses classes auprès des plus grands, prépare une cuisine raffinée, élaborée avec peu d'ingrédients mais choisis avec soin. Parmi ses spécialités : la seiche aux noisettes et bergamote, l'anguille fumée au chou violet, le risotto Riserva San Massimo...

Gênes du Siècle d'or

Plan de quartier **p. 34-35**

Moins de 20 €

39 **Taggiôu** – **E5** - *Vico Superiore del Ferro 8* - Ⓜ *De Ferrari* - ✆ *375 63 13 019 - 18h-23h.* Le nom signifie assiette (*tagliere* en italien) et l'endroit garde les traces d'une ancienne charcuterie. Fromages et charcuteries de toutes les régions italiennes sont à l'honneur. Très bons apéritifs.

De 20 à 40 €

15 **I Canovacci** – **E5** - *Via dei Macelli di Soziglia, 60* - ✆ *010 098 5417 - 9h-15h30 - fermé dim.* Un endroit intime et à l'atmosphère familiale, géré par une brigade passionnée. Ouvert seulement le midi, il propose une petite carte de plats bien concoctés à prix doux. Tout autour, sont accrochés les torchons qui donnent le nom au restaurant. Vente de farines bio.

20 **Bella Bu** – **E5** - *Vico Inferiore del Ferro, 9r* - Ⓜ *De Ferrari* - ✆ *010 247 42 09 - www.bellabubistrot.com - 18h30-1h - fermé dim.* Oubliez pour une fois les *trofie col pesto* et les *focacce*. Ici, on voyage à travers la Méditerranée avec des produits très frais et bien présentés. Essayez les délicieuses tapas qui accompagnent l'apéritif. Gestion jeune et passionnée, cadre très agréable et excellente cave.

25 **A Cornabuggia** – **E5** - *Piazza del Carmine, 10* - ✆ *010 246 24 47 - 12h-15h, 19h-22h30 - fermé dim.* Sur une placette délicieuse, on déguste une cuisine ligure simple et savoureuse. Le nom du restaurant célèbre l'origan, *a cornabuggia* en dialecte génois. Des formules intéressantes le midi.

De 40 à 60 €

7 **Trattoria dell'Acciughetta** – **D5** - *Piazza Sant'Elena* - Ⓜ *Darsena* - ✆ *010 86 93 918- www.acciughetta.it - 12h30-15h, 19h30-23h - fermé lun.* Le cadre informel ne prépare pas à la cuisine créative et très soignée du chef Simone Vesuviano. Au menu, spécialités de la mer avec des ingrédients soigneusement sélectionnés. Tout autour, la vie populaire de Via di Prè.

La ville moderne

Plan de quartier **p. 49**

Moins de 20 €

24 **Piazzetta del Pisacane** – **F5** - *Via Calatafimi (Piazza Marsala), 9 - M De Ferrari - ✆ 010 87 70 28 - www.alpisacane.it - 19h-23h - fermé lun.* D'excellentes pizzas débordant des assiettes à déguster au coude à coude dans une salle voûtée. Vin blanc en pichet. Réservation conseillée.

13 **Mercato Orientale** – **F6** - *Via XX Settembre 75r - M Brignole - ✆ 010 89 73 000 - www.moggenova.it - lun. 10h-15h, mar.-jeu. 10h-23h, vend.-sam. 10h-0h.* Les halles de Gênes *(7h30-19h30 - fermé dim.)* n'ont d'orientale que leur situation géographique ! L'endroit idéal pour faire des achats mais surtout pour une pause gastronomique : à l'étage se trouve un spectaculaire **Food Corner** de 2 000 m², qui comprend des points de restauration thématiques où déguster des produits AOC liguriens et génois, un restaurant gourmet, l'**Ostaia da Zena** *(mar.-sam. : déj. et dîner)* une école de cuisine et des espaces pour événements culturels.

De 20 à 40 €

23 **Il Genovese** – **G6** - *Via Galata, 35r - M Brignole- ✆ 010 86 92 937 - www.ilgenovese.com - 12h-14h30, 19h-22h30 - fermé dim.* Dans une salle simple et lumineuse, on déguste toute la palette des spécialités locales : tempura de légumes, *trofie*, *pansoti*, *stoccafisso*, quiches, etc.

42 **Pesciolino** – **E6** - *Via Domoculta, 14 - ✆ 010 55 32 131 - www.locanda pesciolino.it - 12h30-15h, 19h30-22h30 - fermé w.-end à midi.* À ne pas manquer, les *mandorlati*, ces grosses crevettes aux amandes qui font l'unanimité à Gênes. Et aussi, les spaghetti au homard, la soupe de poissons et fruits de mer et, bien sûr, les *trofie* au pesto. Un choix sûr.

De 40 à 60 €

28 **Le Cicale in Città** – **F7** - *Via Giuseppe Macaggi, 53r - M Brignole - ✆ 010 592 581 - www.lecicalegenova.it - 12h-14h30, 19h-23h - fermé sam. midi et dim.* Matteo Costa est un magicien et un virtuose de l'alliance de saveurs. Simplicité rime ici avec excellente qualité, en particulier celle des produits de la mer. Belle carte des vins et cadre raffiné, idéal pour une soirée romantique.
Autre adresse à Albaro, **Le Cicale Bistrot** *(Piazza Leopardi, 12r - Albaro - ✆ 010 31 66 42).*

43 **Ladidà** – **EF6** - *Via San Sebastiano, 13 - ✆ 345165 3584 - www.ladidagenova.it - 12h30-15h30, 19h30-23h30 - fermé dim.-lun.* Après des années au Mirazur de Menton, le chef Gabriel Ulivieri a pris les rênes du restaurant de l'Hotel City, à deux pas de la Piazza De Ferrari. Décor classique et accueillant, accueil chaleureux et cuisine soignée, essentiellement à base de viande.

44 **Quelli dell'Acciughetta** – **F7** - *Corso Andrea Podestà, 51r - ✆ 010 236 33 23 - www.acciughetta.com/qda/- 19h30-23h - fermé lun.* Le même savoir-faire et la même qualité que la Trattoria dell'Acciughetta *(☛ p. 86)*, mais avec des recettes plus inventives et recherchées, ainsi qu'une carte avec des préparations à base de viandes.

La ville haute et les forts

Plan détachable

De 20 à 40 €

9 **Ristorante Montallegro** – **F3** - *Funicolare Zecca-Righi - Via Mura delle Chiappe, 30r - ✆ 010 27 21 545 - www.ristorantemontallegro.it - 19h-23h, jeu.-dim. 12h-14h, 19h-23h.* En magnifique position panoramique, à l'arrivée du funiculaire Zecca-Righi, une adresse traditionnelle qui propose une cuisine locale et de bonnes *pizze*. Vue imprenable depuis la terrasse qui domine toute la ville.

27 **Ostaia du Richetto** – **E2** - *Funicolare Zecca-Righi - Via del Peralto 3r - ✆ 010 272 54 11 - 9h-22h30, vend.-sam. 9h-23h, dim. 9h-21h - fermé jeu.* À l'arrivée du funiculaire, une adresse simple mais de qualité pour savourer la cuisine appétissante de la tradition ligure. Extérieur très agréable pour la belle saison.

Le grand Gênes

Plan de ville **p. 58-59**

Nervi

Moins de 20 €

47 **Panificio Paolin** – *Via F. Gazzolo, 6r - ✆ 010 372 64 27 - www.paolin1953.com - 6h30-19h30.* Trois générations se sont déjà succédé aux fourneaux de cette boulangerie familiale fondée dans les années 1950. Elle est réputée pour sa *focaccia alla genovese* ainsi que pour son délicieux *pandolce*.

46 **Focacceria Buon Appetito** – *Via delle Palme, 22r- ✆ 350 139 82 87 - 12h-18h, sam. 11h-18h30 - fermé les jours de mauvais temps.* Cette *focacceria* se cache sous la voie ferrée, au bout du tunnel qui relie la gare à la promenade Anita Garibaldi. Une excellente adresse pour faire provision de *focacce*, pizzas et pâtisseries, à déguster sur un banc face à la mer.

De 20 à 40 €

45 **Bistrot del Porticciolo** – *Via Giovanni Caboto, 3 - ✆ 010 320 35 56 - 11h-23h - fermé lun.* Sous l'apparence d'un glacier (par ailleurs excellent), cet établissement est également un restaurant qui mérite une halte. Les recettes sont élaborées, les plats bien présentés et les desserts particulièrement réussis, en particulier les glaces, bien sûr.

Promontoire de Portofino

Camogli et ses alentours

Moins de 20 €

Focacceria Manuelina – *Via Roma, 296 - Recco, à 2 km au nord de Camogli - ✆ 0185 74 128 - www.manuelinafocacceria.it - 12h-14h30, 19h30-22h30, merc. 19h30-22h30.* L'adresse historique (fondée en 1885) de la *focaccia di Recco*, délicieuse spécialité locale farcie au fromage frais, a été rénovée et accueille aujourd'hui ses convives dans une salle agréable.

Revello – *Via Garibaldi, 183 - Camogli - ✆ 0185 77 07 77 - www.revellocamogli.com - 8h-19h30 (20h en w.-end).* Pâtisserie-fougasserie historique de Camogli, où se ravitailler de toutes sortes de *focacce* (y compris la fameuse *focaccia di Recco* au fromage) ou de produits sucrés, comme les *camogliesi*, des beignets au rhum, à la crème ou au *gianduia*.

Panificio Maccarini – *Via San Rocco, 46 - San Rocco di Camogli - ✆ 0185 77 06 11 - 8h-13h, 16h-19h30, dim. 8h-14h - fermé merc.* Un boulanger réputé pour la *galletta del marinaio* (pain sec à longue conservation utilisé par les marins pendant la navigation) et d'autres spécialités comme les *focacce* et les tartes salées. L'endroit idéal pour préparer son pique-nique avant de descendre à Punta Chiappa ou pour se restaurer après la montée à San Rocco depuis Camogli.

Da Nicco – *Via Molfino, 7 - Ruta di Camogli - ✆ 0185 77 01 28 - lun. 8h-17h, merc.-vend. 8h-0h, w.-end 9h-0h.* Sur la route qui conduit à San Rocco, un bar à vin très prisé qui propose des assiettes froides ou des plats à base de produits typiques. Idéal pour l'apéritif. Ne ratez pas les délicieuses *focaccette di formaggio*.

De 20 à 40 €

La Bossa di Mario – *Via della Repubblica, 124 - Camogli - ✆ 0185 77 25 05 - 18h-0h - fermé merc.* Au cœur de l'adorable bourg de Camogli, un petit bar à vin très accueillant, qui propose un menu soigné et original. Apéritif à partir de 18h.

Sâ – *Via Piero Schiaffino, 5 - Camogli - ✆ 0185 774512 - 19h-23h - fermé mar.* L'endroit est assez petit et loin de la foule du front de mer ou du port, ce qui lui confère une ambiance calme et agréable. Spécialités de poisson bien entendu, on est à Camogli !

De 40 à 60 €

Da Paolo – *Via San Fortunato, 14 - Camogli - ✆ 0185 77 35 95 ou 338 860 49 40 - www.ristorantedapaolocamogli.com - 19h30-22h - fermé lun.* Un petit restaurant familial, situé dans le bourg ancien non loin du petit port, qui propose une cuisine de produits de la mer selon les disponibilités quotidiennes du marché. Essayez le pâté de seiches ou les *taglierini neri* à l'encre de seiche et langoustines.

La Cucina di Nonna Nina – *Via Molfino, 126 - San Rocco di Camogli - ✆ 0185 77 38 35 - www.lacucinadinonnanina.com - 12h30-15h,19h30-22h30 - fermé merc.* Dans une belle demeure du 19e s. entourée de verdure, cette accueillante trattoria familiale propose des plats de la mer et de la terre concoctés au fil des saisons avec les produits du potager et de la pêche quotidienne. Pâtes fraîches et pain faits maison.

Santa Margherita Ligure

Moins de 20 €

Panificio Pinamonti – *Via dell'Arco, 24 - ✆ 0185 28 75 52 - lun. 8h-19h30, merc.-sam. 7h30-19h30, dim. 8h-14h - fermé mar.* Cachée dans une venelle derrière le front de mer, cette boulangerie est très réputée pour ses *focacce* : classiques, aux oignons, aux olives, aux tomates, aux pommes de terre... En saison, attendez-vous à faire la queue ! Tout comme au **Panificio Fiordiponti**, autre adresse historique de la localité située non loin du port *(Via Jacopo Ruffini, 26 - ✆ 0185 28 39 71).*

De 20 à 40 €

Trattoria Da Pezzi – *Via Cavour, 21 - ✆ 0185 28 53 03 - 12h-14h, 18h-21h - fermé sam.* Cette *trattoria* traditionnelle propose une cuisine authentique et sans prétention et, surtout, d'oct. à mai et de 18h à 20h, la possibilité de savourer une excellente *farinata*.

L'Insolita Zuppa – *Via Romana, 7 - ☏ 0185 28 95 94 - www.insolitazuppa.it - 18h30-22h - déj. sur réserv. - fermé merc.* Style bistrot informel pour ce restaurant un peu excentré, qui privilégie le terroir, même si la carte affiche quelques plats iodés. Cuisine très soignée et accueil charmant.

Plus de 60 €

Altro Eden – *Calata Porto, 11 - ☏ 335 680 43 01 - 19h30-0h, w.-end 12h30-14h30, 19h30-0h - fermé mar.* Sur la jetée avec vue sur le port, un restaurant moderne et raffiné avec une salle en forme de tunnel et une terrasse au frais. Spécialités de poisson.

Portofino

Plus de 60 €

Puny – *Piazza Martiri dell'Olivetta, 5 - ☏ 0185 26 90 37 - 12h30-13h45, 19h30-21h45 - fermé jeu. et lun. et vend. midi - réserv. conseillée.* Pour un repas inoubliable, vous êtes au bon endroit. Très bien situé, sur la célèbre *piazzetta*, Puny (*petit* en génois) sert du beau monde depuis les années 1970.

Caffè Excelsior – *Piazza Martiri dell'Olivetta, 54 - ☏ 0185 26 91 23 - www.excelsiorportofino.it - 8h-23h - fermé lun. et déc.-mars.* Le restaurant du mythique Caffè Excelsior retrouve sa splendeur grâce au talent de son chef, Giorgio Bardi, et à sa cuisine très sophistiquée : foie gras au *sciacchetrà*, fraises et réglisse, homard au poivron doux et bisque de cacao, langoustine de Santa Margherita au caviar...

San Fruttuoso

De 40 à 60 €

Da Laura – *Baia di San Fruttuoso - ☏ 339 5208537 - 12h-14h30 - fermé nov.-Pâques et en cas de mauvais temps ou de mer trop agitée.* Difficile de résister à cette terrasse couverte de citronniers, installée à l'ombre de l'abbaye de San Fruttuoso. Dans cette atmosphère un peu hors du temps, les spaghettis *al pesto*, les poissons et les fruits de mer, tous excellents, ont vraiment le goût des vacances. Quelques très bons vins.

Rapallo

De 40 à 60 €

Hostaria Vecchia Rapallo – *Via Fratelli Cairoli, 20 - ☏ 0185 50 053 - www.vecchiarapallo.com - 12h-14h30, 18h30-23h - fermé janv.-fév.* Une cuisine raffinée et inventive, mais toujours dans la grande tradition ligure. Menus dégustation à thèmes : truffe, Gênes, artichauts... Une belle découverte.

U Giancu – *Via San Massimo, 78, à 4 km à l'ouest du centre - ☏ 0185 26 05 05 - www.ugiancu.it - 19h30-22h (23h lun.), dim. 12h-15h, 19h30-22h - fermé merc. - réserv. obligatoire.* Sur les hauteurs de Rapallo, cet amusant « restaurant de la BD », décoré d'œuvres collectionnées durant trente-cinq ans, célèbre une cuisine tournée vers la terre, avec des spécialités comme les *testaroli* aux cèpes (des pâtes fraîches typiques du Levant ligure) ou le filet de bœuf aux *prebuggion* (une salade d'herbes et de fleurs sauvages). En dessert, essayez le *zabaione di Mimì*. Bières artisanales brassées sur place.

Sestri Levante et ses environs

De 40 à 60 €

Polpo Mario – *Via XXV Aprile, 163 - Sestri Levante - ✆ 0185 48 02 03 - www.polpomario.com - 12h-15h, 19h-23h - fermé lun.* Une adresse historique, logée dans les dépôts de l'ancien Palazzo Federici, qui propose une savoureuse cuisine de la mer avec un soupçon d'Orient, souvenir des voyages du chef. Le poisson arrive directement du bateau du patron.

Raieû – *Via Milite Ignoto, 25 - Cavi, à 3 km au nord-ouest de Sestri Levante - ✆ 0185 39 01 45 - 12h30-14h30, 19h-23h - fermé lun. et nov.* De véritables lamparos éclairent les tables de cette trattoria typique. La cuisine est régionale (*buridda* de seiches à la mode de Lavagne, *sacripantina* de Gênes) et le poisson arrive directement du bateau des patrons.

Les Cinque Terre

Levanto

Moins de 20 €

Panificio Raso – *Via Dante, 25 - ✆ 0187 80 85 79 - 7h-20h, dim. 7h-13h.* Depuis 1954, pain et *focacce* déclinés en dizaines de variantes. Idéal pour organiser un pique-nique avant de partir explorer les Cinque Terre.

Pizzeria La Picea – *Via della Concia, 18 - ✆ 334 701 19 39 - www.pizzerialapicea.com - 12h-14h, 18h30-23h - fermé lun.-mar.* Une adresse réputée pour ses succulentes pizzas cuites au four à bois et servies dans une bonne ambiance, bien que très simple.

De 40 à 60 €

La Loggia – *Piazza del Popolo, 5 - ✆ 0187 80 81 07 - www.loggialevanto.com - 19h-22h, w.-end 12h-13h30, 19h-22h. l'été.* Dans un cadre sans prétention, vous savourerez une cuisine simple et soignée mettant à l'honneur la tradition ligure : anchois, *trofie al pesto*, poisson et pâtes aux fruits de mer.

Monterosso

Moins de 20 €

Il Fornaio di Monterosso – *Via Fegina, 112 - ✆ 0187 81 74 20 - 7h30-19h.* Sur la promenade du front de mer de Fegina, un boulanger qui produit différents types de *focacce* (celle au *pesto* est très prisée), que l'on peut consommer sur place sur la petite terrasse.

De 20 à 40 €

Enoteca Internazionale – *Via Roma, 62 - ✆ 0187 81 72 78 - www.enotecainternazionale.com - 8h-23h.* Dans la rue centrale de Monterosso, une cave historique aux nombreuses références pour comparer les vins des cinq villages. Petit-déjeuner et plats froids traditionnels à midi. Terrasse.

La Cantina di Miky – *Via Fegina, 90 - ✆ 0187 80 25 25 - www.cantinadimiky.it - 12h-15h, 19h-22h - fermé merc.* Sur la promenade du front de mer du bourg de Fegina, l'élégant bistrot de Miky propose une ambiance moderne et branchée où déguster de bons plats régionaux, mais aussi des *bruschette* ou des *focacce* originales. Petite cour intérieure et agréable terrasse sur la mer, idéales pour l'apéritif.

bonchan/Getty Images Plus

Trofie au pesto, le grand classique de la cuisine ligure.

Al Pozzo – *Via Roma, 26 - ✆ 0187 81 75 75 - 12h-15h, 18h30-22h30 - fermé jeu.* C'est ici le royaume de Gino, que l'on voit dès le matin rouler à la main les gnocchis, dont il a fait sa spécialité. Mais son talent ne s'arrête pas là : tartare de thon, moules et palourdes à la marinière ou poisson au poivre rose sont aussi à tester. Bonne cave.

Plus de 60 €

L'Ancora della Tortuga – *Via Salita Cappuccini, 4 - ✆ 0187 80 00 65 - www.ristorantetortuga.it - 12h30-14h, 19h-21h30 - fermé lun. - menu 45/55 €.* L'endroit est spectaculaire. Accroché à la falaise de Monterosso, juste au-dessus de la mer, c'est l'un des restaurants les plus élégants et les plus réputés des Cinque Terre. Cuisine traditionnelle ligure.

Vernazza

De 40 à 60 €

Gianni Franzi – *Piazza Marconi, 1 - ✆ 018 78 12 228 - www.giannifranzi.it - 12h-15h, 19h-22h - fermé merc.* Avec ses tables installées sur la pittoresque placette, cet établissement est incontournable depuis un demi-siècle. Parmi ses plats de référence, les anchois farcis et le *tegame* (casserole) Vernazza. Côté hôtel, voir p. 115.

Plus de 60 €

Belforte – *Via Guidoni, 42 - ✆ 0187 81 22 22 - www.ristorantebelforte.it - 12h-15h, 19h-22h - fermé mar.* Le site est imprenable : un ancien donjon, une terrasse surplombant la Méditerranée et le port de Vernazza. Dans votre assiette, vous trouverez une bonne cuisine de la mer et des pâtes fraîches faites maison : *tagliatelle di farro* (pâtes d'épeautre) avec écrevisses et courgettes ou *tagliolini* à l'encre de seiche avec écrevisses et algues.

Corniglia

De 20 à 40 €

A Cantina de Mananan – *Via Fieschi, 117 - ✆ 0187 82 11 66 - 12h45-14h30, 19h-21h - fermé mar. - réserv. indispensable.* Cette petite *osteria*, logée dans les entrepôts d'un ancien palais, propose des plats savoureux qui célèbrent la terre et la mer. Essayez les *ravioli di borragine* (farcis à la bourrache) ou les *testaroli con u tuccu* (des pâtes fraîches au ragoût à la génoise).

Manarola

Moins de 20 €

La Cambusa – *Via Renato Birolli, 114 - ✆ 0187 921029 - 9h30-21h - fermé nov.-mi-mars.* C'est la meilleure pizzeria de Manarola. Goûtez aussi leur *focaccia* et les *torte di verdure* que vous emporterez en randonnée.

De 40 à 60 €

Trattoria dal Billy – *Via Rollandi, 122 - ✆ 0187 9206268 - 12h-15h, 18h-22h - fermé jeu.* Comme le menu change au gré de l'arrivage de poissons, le mieux est de se laisser guider par le patron. Vous ne le regretterez pas. Belle vue sur Manarola et la mer.

Riomaggiore

Moins de 20 €

Il Pescato Cucinato – *Via Colombo, 199 - ✆ 339 26 24 815 - 11h30-21h.* Une friture mixte de poisson servie dans un cornet en carton à déguster sur le pouce : une bonne solution pour un repas rapide et bon marché.

De 40 à 60 €

Dau Cila – *Via San Giacomo, 65 - ✆ 0187 76 00 32 - 12h30-15h, 19h30-21h30 - fermé mar.* Directement sur la *calata* du port, dans la petite salle ou sur la merveilleuse terrasse, on s'y régale de poisson, à marier avec une belle sélection de vins, notamment de Ligurie. Bar à vin.

La Grotta – *Via Colombo, 247 - ✆ 0187 92 01 87 - 12h-14h30, 19h-22h - fermé merc.* Isa, la patronne, a de qui tenir : son père était un célèbre cuisinier navigant, qui lui a transmis tous ses secrets. Aujourd'hui elle continue la tradition paternelle mais à terre, sur la rue principale de Riomaggiore.

Rio Bistrot – *Via San Giacomo, 10 - ✆ 0187 92 06 16 - 9h-15h - fermé mar.* Entre des barques à quai et des points de vue de carte postale, ce bistrot revisite avec modernité l'atmosphère d'antan du pittoresque village de Riomaggiore. De même, en cuisine, des classiques iodés cohabitent avec quelques plats plus créatifs.

Portovenere

Moins de 20 €

Anciuà – *Via Cappellini, 40 - ✆ 331 77 19 605 - 9h-21h - fermé merc.* Voilà de la *street-food* typiquement ligure : *farinata* aux anchois, *focaccia* au fromage, cornets de friture de poissons, à emporter en pique-nique ou à déguster en déambulant dans les ruelles de la ville.

De 20 à 40 €

La Medusa – *Via Giovanni Cappellini, 74 - ✆ 0187 79 06 03 - 12h30-22h - fermé lun. soir et mar.* C'est probablement ici que vous mangerez les meilleurs spaghettis aux fruits de mer de Portovenere. Mais aussi d'excellents poissons. Belle carte de vin. Mention spéciale pour le service d'une attention exquise.

Osteria del Carugio – *Via Giovanni Cappellini, 66 - ✆ 0187 79 06 17 - www.anticaosteriadelcarugio.it - 12h-16h, 18h30-22h - fermé jeu.* Une cuisine traditionnelle, préparée avec des ingrédients provenant de leur ferme ou d'exploitations agricoles de la région. Au menu : *mesciua* (soupe de pois chiches), anchois et *trofie al pesto* avec pommes de terre et haricots verts.

Prendre un verre

Pâtisseries et **glaciers** ne manquent pas et sont l'occasion de savourer des douceurs à base de *panna* (crème) et de goûter des parfums d'exception, parfois dans des lieux historiques, en activité depuis des décennies, voire des siècles.

L'**aperitivo** est un rite essentiel de la vie urbaine. La plupart de l'animation, qui s'éteint seulement tard dans la soirée, se concentre sur une poignée de places : **Piazza delle Erbe**, **Piazza Lavagna**, **Piazza della Lepre** et sa voisine **Piazza delle Vigne**. Notamment le vendredi et le samedi, inutile d'espérer y trouver une place assise après 20h. Faites comme les Génois, restez debout, votre verre à la main ! Dans la ville moderne, les bars établis dans les rues piétonnes situées entre la Via XX Settembre et la Via Ippolito d'Este, par exemple la Via Cesarea, attirent aussi beaucoup de monde. L'été, l'animation se déplace le long de la mer, en particulier sur le Corso Italia, à Boccadasse et à Nervi.

Quelques bars sont installés dans des palais. Boire un verre de vin, une bière ou un cocktail au milieu de fresques, sous un plafond baroque à caissons dorés ou dans une vénérable salle voûtée est chose presque banale à Gênes !

Repérez les adresses sur nos plans grâce aux pastilles numérotées (ex. 1). Les coordonnées en rouge (ex. C2) font référence au plan détachable (à l'intérieur de la couverture) et au plan de quartier de la vieille ville (ex. Y3).

Le port

Plan de quartier p. 17

10 **Banano Tsunami** – **D6** - *Ponte Embriaco, 1 - 010 47 29 70 et 347 69333 73 - www.bananotsunami.com - lun.-jeu. 18h-0h, vend. 12h-15h, 18h-3h, sam. 11h30-3h, dim. 11h30-0h.* Au cœur du port, au bout de la jetée qui fait face au Palais San Giorgio, c'est la seule option pour prendre un apéritif sur l'eau, face au coucher du soleil. Bonne carte de cocktails avec et sans alcool.

La vieille ville

Plan de quartier p. 22

Cafés et bars

25 **Honey Bar** – **Z3** - *Salita del Prione, 30-32r - M San Giorgio - 328 48 47 488 - à partir de 18h- fermé dim.-lun.* Un concept original tout autour du miel : le patron est un apiculteur passionné et il propose des cocktails et des assiettes qui mettent en valeur son produit. Le décor est lui aussi une invitation au monde des abeilles.

1 **Bar Berto** – **Z2-3** - *Piazza delle Erbe, 6 - M De Ferrari - 010 275 81 57.* Bières artisanales et cocktails à siroter au cœur de la *movida genovese*, dans un bar mythique fréquenté autrefois par Fabrizio De André et ses amis (*« Musiques », p. 150*).

2 **Bar degli Asinelli** – **Z2** - *Via di Canneto il Lungo,*

78r - M De Ferrari - ✆ 010 246 87 03 - 17h-0h - fermé dim.-lun. Pénétrer dans ce bar très couleur locale (aussi appelé La Marchesa), c'est plonger dans un autre temps. Accueil formidable des propriétaires des lieux, au comptoir depuis plus de quarante ans, et clientèle variée. Peu de places assises. Testez la spécialité, le vin blanc de Coronata accompagné de *focaccia*.

3 **Caffè degli Specchi – Z2** - *Salita Pollaiuoli, 43r - M De Ferrari - ✆ 010 256 685 - www.caffedeglispecchi.it - 8h-21h30.* L'un des plus beaux cafés anciens de Gênes. Boiseries crème, miroirs et plafond voûté entièrement carrelé : un décor d'exception pour prendre l'apéritif ou grignoter un en-cas dans l'après-midi. Un peu cher.

6 **Oosteria – Z1** - *Piazza Lavagna, 19 - M De Ferrari - ✆ 010 098 76 41 - oosteriagenova.it - 12h-15h, 18h-22h30.* Pour découvrir un haut lieu de la vie nocturne de Gênes. La terrasse est prise d'assaut au moment de l'apéritif. Cuisine bistrot pour dîner et profiter de l'ambiance.

4 **Scurreria Beer & Bagel – Z2** - *Via Scurreria 22r - M San Giorgio - ✆ 329 690 36 90 - 18h-1h (2h sam.) - fermé dim.* Une belle brasserie qui accompagne sa riche sélection de bières de toute l'Europe avec des bagels farcis.

7 **La Lepre – Z1** - *Piazza della Lepre, 5r - M De Ferrari - ✆ 347 127 8194 - 18h30-1h (2h vend.-sam.) - fermé dim.* L'endroit est réputé pour ses cocktails, sa sélection de rhums, de gins et de whiskies, ses bières. Musique alternative électro-rock. Bon accueil.

8 **Les Rouges – Z2** - *Piazza Campetto, 8/A (2e ét.) - M De Ferrari - ✆ 329 349 06 44 - www.lesrouges.it - à partir de 18h - fermé lun.-mar.* À l'étage noble du Palazzo Imperiale, ancien palais des Rolli qui accueillit, aux 16e-17e s., des princes, des souverains et même des papes (*p. 26*). Boire un verre de vin ou un cocktail dans ce décor fastueux et au milieu des fresques signées du Bergamasque, de Luca Cambiaso et de Bernardo Costello, laisse un souvenir impérissable. Accueil charmant et cocktails excellents !

9 **Metropolitan Cafè – Z3** - *Piazza di Sarzano, 30r - M Sarzano - ✆ 010 868 32 59 - www.metropolitancafe.it - 6h30-21h - fermé dim.* Bar sympathique pour faire une pause en terrasse ou prendre l'apéritif après la visite du Museo di Sant'Agostino. Cocktails à base de produits frais, bière artisanale et vins en dégustation.

19 **La Coccagna - Z3** - *Vico di Coccagna 17r - ✆ 349 607 8981 - www.maltusfaber.com/la-coccagna/ - 17h-23h (0h vend.-sam.) - fermé mar.* À deux pas de la Via di Ravecca, sur une placette plantée d'un olivier, ce resto-pub propose toute la gamme des bières artisanales de la micro-brasserie Maltus Faber créée en 2008 par deux passionnés, Massimo et Fausto. Leur production n'est ni pasteurisée ni filtrée, procédé qui en préserve toute la fraîcheur. On la savoure ici accompagnée de plats bien ligures.

5 **Vedova Romanengo – Z2** - *Vico Falamonica, 1r - ✆ 010 975 2676 - 7h30-22h30 - fermé dim.* Une adresse historique qui vient d'être rénovée afin d'offrir un cadre soigné et accueillant. Idéal toute la journée, mais surtout pour un apéritif raffiné et original.

Pâtisseries et glaciers

13 Cremeria delle Erbe – **Z2** - *Vico delle Erbe, 15 - M De Ferrari - ✆ 010 246 92 54 - 11h-1h (2h vend.-sam.).* Le choix de parfums de glaces laisse rêveur. Charitable, on vous laisse le temps d'hésiter avant de vous servir de généreuses portions.

12 Cremeria Buonafede – **Z1** - *Via Luccoli, 12r - M De Ferrari - ✆ 010 247 42 19 - 9h-18h - fermé dim.* Toute petite échoppe qui s'enorgueillit de proposer la *vera panera genovese*, un délicieux *semifreddo* au café, dense et onctueux. Également d'excellentes glaces et des beignets (*krapfen*) qui font retomber en enfance.

15 U Gelatu do Caruggiu – **YZ3** - *Via San Bernardo, 91r - M De Ferrari/San Giorgio - ✆ 340 864 00 24 - 11h30-20h, merc.-sam. 11h30-23h30.* De bonnes glaces et des parfums sortant de l'ordinaire (violette, romarin, etc.) dans cette toute petite boutique perdue dans une ruelle peu engageante. Bon marché, portions généreuses et possibilité de goûter.

18 Douce Patisserie Café – **Z2** - *Piazza Giacomo Matteotti, 84r - M De Ferrari - ✆ 010 553 71 66 - www.douce.it - 7h30-21h30.* Les bonnes pâtisseries du maître pâtissier Michel Paquier à déguster dans un décor moderne minimaliste ou sur la terrasse ensoleillée. Une situation idéale entre la Piazza De Ferrari et le Palazzo Ducale.

17 Gelateria Profumo – **Z1** - *Via Superiore del Ferro, 14 - M De Ferrari - ✆ 010 251 41 59 - www.villa1827.it - 12h-19h - fermé dim.-lun.* Sublimes glaces artisanales (parfum *zabaione* à essayer absolument) qui passent pour les meilleures de la ville, dans une jolie petite boutique boisée bordant une ruelle obscure en contrebas de la Via Garibaldi. Petit banc à l'entrée pour savourer tranquillement son cornet. Une adresse au succès mérité.

Gênes du Siècle d'or

Plan de quartier p. 34-35

Cafés et bars

20 Cambi Café – **E5** - *Via Garibaldi, 1r - ✆ 010 731 23 51 - www.cambifood.com - 8h-18h - fermé lun.* Idéalement situé, entre le Palais Tursi et le Palais Nicolosio Lomellino (*p. 37*), dans une minuscule impasse bordée d'hibiscus, l'endroit est accueillant et rafraîchissant, parfait pour prendre un café ou un apéritif entre deux visites.

Pâtisseries et glaciers

26 Pasticceria Liquoreria Marescotti – **E5** - *Via di Fossatello, 35-37r - M De Ferrari - ✆ 010 209 12 26 - mar.-vend. 7h30-20h, w.-end 8h30-20h.* Magnifique pâtisserie avec boiseries datant de 1906 et carrelage ancien. Un lieu exceptionnel. Ne quittez pas l'endroit sans acheter la spécialité : les *amaretti di Voltaggio* !

16 La Iacona – **E5** - *Via Paolo Emilio Bensa, 26 - M Darsena - ✆ 010 246 53 91 - 7h30-13h, 15h-20h - fermé dim. apr.-midi.* Entre le Largo Zecca et l'église de l'Annunziata, des pâtisseries toujours très fraîches et délicieuses. Le choix est vaste : *biscotti, pandolce genovese, colombe, anicini, cannoli...*

27 Gelatina – **E5** - *Via Giuseppe Garibaldi, 20r - M De Ferrari - ✆ 339 78 50 507 - mar.-vend. 11h-19h, w.-end 10h-19h.* Dans la rue « la plus belle d'Europe » (p. 32), une adresse jeune et très accueillante. Le lieu est à la fois *gelateria* artisanale, librairie dédiée à la gastronomie et espace d'exposition.

La ville moderne

Plan de quartier p. 49

Café et bars

14 Mangini – **F6** - *Piazza Corvetto, 3r - 010 56 40 13 - www.botteghe storichegenova.it/it/le-botteghe/caffe-confetteria-e-pasticceria-mangini/ - 7h30-20h30 - fermé lun.* Des lustres et des stucs dorés qui se reflètent dans les miroirs, des vitrines qui regorgent de pâtisseries – les meilleures de la région depuis 1876 –, un beau comptoir en bois marqueté et des sièges cannés... tout ce qu'on aime dans les grands cafés italiens traditionnels est là ! Le Mangini est classé *bottega storica*.

28 Panarello – **G6** - *Via Galata, 67r - 010 561037 - www.panarello.com - 8h-19h30.* Une marque historique... C'est en 1885 que Francesco Panarello a amélioré la recette du *pandolce* génois en y ajoutant beurre, sucre et raisins secs. Depuis, son *pandolce* et son *panettone* ont conquis la Ligurie et le monde. À déguster à toute heure avec un café. D'autres établissements ont ouvert à Gênes : *Via XX Settembre 154 r, Corso Buenos Aires 43 r, Via Caprera 4/F r, Corso Carbonara 30r* et *Corso Sardegna 156r.*

29 Mani – **F5** - *Piazza Marsala, 8r - 010 831 30 06 - facebook : manigenovapizzacocktails - 18h-0h (2h w.-end) - à partir de 8 €.* Une bonne adresse pour prendre un verre d'après dîner dans un décor pop art rafraîchissant. Bières artisanales et une sélection de gins impressionnante, accompagnés de *pizzette* à l'eau de mer et sushi de la maison.

La ville haute et les forts

Plan détachable

Café et glaciers

21 Antica Vaccheria – **F5** - *Via Agostino Bertani, 20 - 010 839 13 01 - 7h-0h - 7h-23h (7h30 dim.) - fermé sam. mat. et lun. apr.-midi.* Pour une pause ou un repas, sous les arbres, à base de *pinsa*, une sorte de pizza plus légère et croustillante, spécialité de la maison.

24 Bar Gelateria Don Paolo – **Plan de quartier p. 34-35** – **E5** - *Spianata Castelletto, 57r - 010 860 89 42 - 7h-0h (8h dim.) - fermé merc.* Pour savourer comme il se doit la vue depuis le belvédère Montalto, dans le quartier de Castelletto (p. 52), passez au préalable chez ce glacier aux spécialités siciliennes. Laissez-vous tenter par une *granita* parfum café, citron ou pistache.

Le Grand Gênes

Pâtisseries et glaciers

Boccadasse

Hors plan détachable dir. H8

Antica Gelateria Amedeo – *Piazza Nettuno, 7r - 393 914 97 60 - www.anticagelateriamedeo.com - 11h-0h.* À deux pas de la minuscule plage, cette ancienne laiterie est une véritable institution. Des glaces, bien sûr, mais aussi une bonne salade de fruits et un délicieux yaourt au *fiordilatte*.

Nervi

Plan de ville **p. 58-59**

30 **Excellent Gelateria** – *Via Guglielmo Oberdan, 75r - ✆ 010 320 21 53 - 14h-0h, jeu.-dim. 11h-0h.* Lait de vaches ligures et fruits de saison entrent dans la composition de ces excellentes glaces (la pistache est un régal !). Seuls les abords de la boutique, à proximité de la voie rapide, sont déplaisants... mais le joli port de Nervi n'est plus qu'à quelques mètres.

31 **Gelateria Chicco** – *Via Guglielmo Oberdan, 120r - ✆ 010 372 80 49 - 9h-23h (vend.-sam. 0h), lun. 14h-20h.* Dans la rue principale de Nervi, un très bon glacier qui régale les gourmands du matin au soir. Sert également des petits-déjeuners.

Promontoire de Portofino

Camogli

Cafés et bars

Al Molo 16 – *Via al Molo, 16 - ✆ 349 87504 83 - 18h30-23h30.* L'endroit est idéal pour boire un verre sur le môle du petit port de Camogli. Grand choix d'alcools et de cocktails. Possibilité de dîner sur place.

Dai Müagetti – *Via Mortola, 2 - San Rocco di Camogli - ✆ 346 51 26 655 - de fin juin à fin sept. : 16h-23h ; reste de l'année : 11h-coucher du soleil - fermé janv.-fév. - réserv. conseillée.* Que diriez-vous de siroter un verre à 220 m d'altitude, en surplombant la mer face au coucher du soleil ? Empruntez le sentier qui conduit de San Rocco à Punta Chiappa et, après quelques minutes de marche, vous découvrirez ce lieu de rêve. Il ne vous reste plus qu'à faire votre choix dans la longue carte des cocktails *(env. 10 €)*.

Glaciers

Gelato e Dintorni – *Via Garibaldi, 104 - ✆ 380 478 81 88 - 10h-23h.* Des glaces artisanales de qualité à la crème ou aux fruits et d'excellentes *granite* à base de fruits frais ou de yaourt.

Santa Margherita Ligure

Cafés et bars

Sabot – *Piazza Martiri della Libertà, 32 - ✆ 0185 28 07 42 - tlj 17h-2h30.* Sous les arcades qui font face à la promenade du front de mer (malheureusement séparée par la route carrossable qui conduit à Portofino), Sabot est l'endroit idéal pour un cocktail après dîner ou apéritif agrémenté par une copieuse assiette d'*antipasti*. Toujours bondé.

Pâtisseries et glaciers

Pasticceria Oneto – *Via Partigiani d'Italia, 11 - ✆ 0185 28 70 30 - 7h-20h.* Une petite pâtisserie qui s'ouvre sur le front de mer et sur une placette tranquille où prendre un café.

Gelateria Gepi – *Largo Amendola, 19 - ✆ 0185 69 73 69 - 8h-23h.* Dans le *carrugio* de Santa Margherita Ligure ou près de la jetée du port *(Via Bottaro, 40)*, Gepi propose des glaces aux parfums originaux, notamment noix-figues-cannelle, muscat ou « crème de Santa ».

Portofino

Cafés et bars

Bar Morena da Ugo – *Piazza Martiri dell'Olivetta, 22 - ✆ 0185 26 90 18 - 8h-0h - fermé jeu.* Sur la *piazzetta* la

plus célèbre d'Italie, on savoure un bon cocktail en suivant le va-et-vient des yachts et des bateaux dans le port.
Al Faro Lounge Bar – *Faro di Portofino - ✆ 320 30 87 036 - www.laportofinese.it - 10h-20h - fermé mar. et l'hiver et en cas de mauvais temps.* C'est probablement la terrasse la plus spectaculaire de la région. Juste au-dessous du phare de Portofino, à l'extrémité de la pointe, vous attend un bar exceptionnel tenu par un groupe de passionnés, qui proposent de la bière artisanale produite sur le « promontorio ». N'oubliez pas d'emporter des jumelles pour guetter les dauphins nageant près de la côte !
Caffè Excelsior – *Piazza Martiri dell'Olivetta, 54 - ✆ 0185 26 91 23 - www.excelsiorportofino.com - 10h-23h.* Depuis les années 1940, tout Hollywood s'est arrêté à l'Excelsior découvrir le célèbre *gelato paciugo*, inventé ici en 1941 et devenu la glace traditionnelle de Ligurie. Les ingrédients : glace au chocolat, à la vanille, fruits frais et sirop de framboise le tout arrosé de whisky.

Rapallo

Pâtisseries et glaciers

Pasticceria Canepa – *Piazza Garibaldi, 41 - ✆ 0185 50 508 - www.canepa1862.com - tlj 6h-13h, 16h-20h.* La pâtisserie la plus ancienne de la localité, fondée en 1862, continue à proposer ses *cubeletti*, des petits sablés farcis à la compote de pommes, et beaucoup d'autres délices comme les *pandolce* ou les *baci*. Idéal pour le petit-déjeuner.
Gelateria Luvì – *Viale Vittorio Veneto, 23 - ✆ 324 842 17 11 - 13h-20h (22h w.-end).* Sur la promenade du bord de mer de Rapallo, des glaces artisanales à base d'ingrédients de qualité. La famille du propriétaire est sicilienne : ne manquez donc pas la *granita al limone* !

R. Mattes/hemis.fr
Nessun Dorma à Manarola (p. 100)..

Sestri Levante

Cafés et bars

Sky Bar Ponte Zeus – *Hôtel Vis à Vis, Via della Chiusa, 28 - ascenseur depuis la réception de l'hôtel ou 5mn de montée en forte pente à partir de Vico del Bottone et Salita Madrella - ✆ 0185 48 08 01 - www.hotelvisavis.com - 10h-0h - fermé nov.-fév.* Une vue à couper le souffle sur Sestri Levante et la côte : l'emplacement de la terrasse de ce bar est inégalable. L'endroit idéal pour attendre le coucher du soleil.

Les Cinque Terre

Levanto

Pâtisseries et glaciers

Pasticceria Bianchi – *Via Vinzoni, 33 - ✆ 0187 80 81 83 - 7h30-13h, 16h-20h (16h30 dim.) - fermé lun.* Dans le centre de la localité, c'est l'adresse de référence pour une pause sucrée ou un petit-déjeuner. Ne manquez pas les délicieux *bomboloni alla crema*.

L'Altro Gelato – *Piazza Staglieno, 25 - ✆ 346 84 92 137 - 14h-0h (23h dim.).* Régalez-vous avec la *crema di Levanto* (crème, chantilly et orange), la crème glacée au citron ou à la pistache de Bronte (Sicile). Petite terrasse.

Monterosso

Cafés et bars

Enoteca da Eliseo – *Piazza Matteotti, 3 - ✆ 0187 81 73 08 - www.enotecadaeliseo.com - 12h-22h, lun. et dim. 12h-23h, jeu. 12h-14h.* Sur une adorable placette, une adresse rustique avec de grandes tables en bois et une ambiance chaleureuse où déguster des vins au verre ou un apéritif.

Pâtisseries et glaciers

Pasticceria Laura – *Via Vittorio Emanuele, 59 - ✆ 339 68 49 942 - 7h-19h - fermé mar.* On sent les odeurs alléchantes du four dès l'extérieur de cette pâtisserie, qui a son laboratoire juste en face. Tout est délicieux, mais essayez leur spécialité, la *torta Monterossina*, avec crème, morceaux de chocolat et confiture d'abricot… irrésistible !

Corniglia

Bar

Terra Rossa – *Via Fieschi, 54 - ✆ 334 813 86 74 - 11h-20h - fermé merc.* Des tables et des chaises en bois sous une tonnelle, une assiette de *bruschette* pour accompagner un verre de *sciacchetrà*, une jolie vue sur les maisons de Corniglia avec au loin la mer… un vrai moment de vacances.

Manarola

Cafés et bars

Nessun Dorma – *Punta Bonfiglio - ✆ 340 88 84 133 - 12h-19h - fermé mar.* Sur le sentier qui conduit à Corniglia, ce café dispose d'une magnifique terrasse dominant le rocher de Manarola et la côte. Un endroit de rêve, idéal pour une pause ou pour prendre un verre au coucher du soleil.

La Cantina dello Zio Bramante – *Via Birolli, 110 - ✆ 0187 92 02 50 - 10h-1h - fermé jeu.* Un bar à vin authentique et décontracté, idéal pour un casse-croûte à base de tartines, d'assiettes de charcuterie et de fromage, ainsi que quelques plats typiques. Musique live le soir.

Riomaggiore

Cafés et bars

A Piè de Mà – *Via dell'Amore, 55 - ✆ 0187 92 10 37 - 11h30-18h30 (23h l'été) - fermé mar.* Au début de la célèbre Via dell'Amore, ce café-bar à vin profite d'une position imprenable, au-dessus de la mer et face au village. Avec sa terrasse en bois qui rappelle le pont d'un navire, c'est un endroit à ne pas rater pour une pause, un apéritif ou une soirée de musique live.

Shopping

Gênes est un paradis du shopping. Les antiquaires se concentrent Via Cairoli, Via Garibaldi et Via XXV Aprile. La **Via XX Settembre** (Via Venti pour les Genois) regroupe de nombreux magasins de mode, dont beaucoup de marques indépendantes. Les griffes de luxe se rencontrent surtout entre la Piazza De Ferrari et la Piazza Corvetto, tout particulièrement Via Roma. La ville historique fourmille de petites boutiques alléchantes. Plusieurs galeries et magasins de vêtements un peu originaux bordent le Vico Falamonica et son prolongement, le Vico del Fieno, ainsi que le Vico del Filo, près de la cathédrale, ou la Via Luccoli. Si vous êtes à la recherche de spécialités gastronomiques, c'est Via dei Macelli di Soziglia que vous trouverez votre bonheur.

Enfin, Gênes est la ville qui regroupe le plus de **botteghe storiche**, échoppes traditionnelles qui ont conservé un savoir-faire parfois centenaire. En faire le tour constitue un but de promenade amusant, instructif et tentant. (*p. 25*).

Repérez les adresses sur nos plans grâce aux pastilles numérotées (ex. 1). Les coordonnées en rouge (ex. C2) font référence au plan détachable (à l'intérieur de la couverture) et au plan de quartier de la vieille ville (ex. Y3).

La vieille ville

Plan de quartier p. 22

Gastronomie

1 Antica Drogheria di Canneto – **Y2** - *Via di Canneto Il Lungo, 54r - M De Ferrari/San Giorgio - 010 246 64 76 - fermé dim.* Petit magasin d'un autre âge où l'on vend de tout ou presque : confitures, fruits secs, bonbons en vrac, etc.

2 Bottega dello Stoccafisso – **Z1** - *Via dei Macelli di Soziglia, 13r - M De Ferrari - 010 247 63 90 - 8h-12h45, 16h-19h30 - fermé dim. et merc. apr.-midi.* Boutique très typique dédiée au *stoccafisso*, que vous verrez séchant au mur ou trempant dans de grands bacs en marbre. Beau choix de fromages entre autres délices.

4 Antica Drogheria Torielli – **Y2** - *Via di San Bernardo, 32r - M San Giorgio/ Sarzano - 010 246 39 08 - 9h-13h, 14h-18h - fermé dim. et merc. apr.-midi.* Petite boutique de la fin du 19e s. qui regorge d'épices, d'infusions, de thés, de confitures, de miels et de bien d'autres choses encore. Impossible d'en ressortir les mains vides !

5 Gastronomia De Micheli – **Z1** - *Via dei Macelli di Soziglia, 54r - M De Ferrari - 010 247 42 15 - 9h-13h30, 16h-19h30 - fermé dim.- lun.* Traiteur réputé pour acheter un panier gourmand complet : fromage, charcuterie, vin, huile d'olive, *pesto*...

7 Pietro Romanengo fu Stefano – **Z1** - *Via di Soziglia, 74r - M De Ferrari - 010 247 45 74 - www.romanengo.com - 10h-19h - fermé dim. Autre adresse Via Roma, 51r (010 58*

02 57). L'histoire de cette confiserie historique, qui fut le fournisseur des grandes familles génoises et des têtes couronnées, a débuté en 1780. À voir pour son magnifique décor intérieur et pour son choix de fruits confits, pralines, pâtes d'amande et chocolats.

8 Romeo Viganotti – **Z3** - *Vico dei Castagna, 14r - M De Ferrari - ✆ 010 251 40 61 - www.romeoviganotti.it - 9h-19h - fermé dim.* La chocolaterie fondée en 1866 joue les discrètes dans une impasse. Rien n'a changé depuis un siècle et demi, du décor de la boutique au laboratoire, des recettes aux ingrédients utilisés. Les rochers, les orangettes et les marrons glacés sont divins ! Dans la boutique toute proche, on goûte des glaces délicieuses, qui surprennent par leurs parfums sucrés-salés, comme gorgonzola aux noix ou ricotta au miel avec poires et amandes. *Salita del Prione 12r - 13h-20h, vend.-sam. 13h-22h, dim. 13h-19h30 - fermé lun.*

9 Rosso Rubino – **Z1** - *Via dei Macelli di Soziglia, 56 - ✆ 393 336 90 48 - 10h30-13h30, 16h-20h, lun. 16h-20h - fermé merc.* et dim. Une sorte d'antre sombre où acheter du vin au litre vraiment pas cher ou de l'huile d'olive. L'endroit vaut à lui seul le coup d'œil.

Mode et accessoires

10 Almanacco – **Z1** - *Via dei Macelli di Soziglia, 39r - M De Ferrari - ✆ 010 265 605 - 11h-13h30, 16h-19h30 - fermé dim.-lun.* Vêtements *vintage* très appréciés des *fashionistas* génoises. En fouillant, on trouve de jolies choses à coup sûr.

11 Gianfranco Vanni – **Z3** - *Stradone di Sant'Agostino, 15r - M Sarzano - ✆ 010 941 06 11 - 9h-13h, 16h-19h30 - fermé dim.* Un sympathique artisan réalise des sacs à main colorés originaux *(150/200 €)*, en cuir ou en tissu, ainsi que des ceintures et des bracelets en cuir plus abordables.

6 Vezza Boutique – **Z1** - *Vico alla Chiesa delle Vigne, 3r - M De Ferrari - ✆ 346 12 24 435 - vezza.boutique - mar.-jeu. 16h-19h30, vend.-sam. 11h-13h, 16h-19h30.* La boutique de l'école de couture génoise fondée en 1947 présente dans son élégant décor de marbre des vêtements aux matériaux légers et très féminins comme la soie, la dentelle, le crêpe de Chine, le chiffon... Pour rêver les yeux ouverts !

25 Il Salotto – **Y2** - *Via Canneto il Lungo 67r - ✆ 010 407 30 06 - 10h-13h, 15h30-19h30, lun. 15h30-19h30 - fermé dim.* Une boutique accueillante, où s'asseoir et prendre le temps de regarder la belle sélection soignée de vêtements, chaussures, bijoux et accessoires pour femme, proposée par les patrons Sara et Matteo.

29 Urban Suite Gallery – **Z1** - *Via Luccoli, 90r - M De Ferrari - ✆ 010 24 68 784 - 10h-14h, 15h30-19h - fermé dim.et lun. mat.* Une boutique très chic qui s'occupe de la femme à 360° : vêtements, accessoires, parfums, bijoux, objets pour la maison...

Galeries d'art

14 Galleria d'arte Il Vicolo – **Z2** - *Salita Pollaiuoli 29r et 37r - M San Giorgio - ✆ 010 24 67 717 - www.galleriailvicolo.it - 9h30-13h, 15h30-19h30, lun. 15h30-19h30, jeu. 9h30-19h30 - fermé dim.* Une galerie d'art qui a fêté ses 50 ans et propose, entre autres, les œuvres poétiques du grand illustrateur génois **Emanuele Luzzati**.

Maison et artisanat

12 Giovanni Rivara 1802 – **Y2** - *Piazza San Lorenzo, 36r - M De Ferrari/San Giorgio - ✆ 010 247 32 52 - www.rivara1802.it - 9h30-12h30, 15h30-19h - fermé dim. et lun. mat.* La tradition de tissu génois de qualité, qui date du Moyen Âge, survit ici, à deux pas de la cathédrale. On y trouve notamment des *mezzari* de dimensions variées et du beau linge de maison (*« Jean... », p. 149*).

20 Ceramiche Il Tornesino – **Z1** - *Vico dei Garibaldi 12r - ✆ 010 40 62 445 - 10h-13h30, 15h30-19h, lun. 14h-19h - fermé dim.* Dans son atelier, Ilaria Traverso réalise de belles créations en céramique, idéales pour un cadeau ou un souvenir de voyage.

13 Galleria Imperiale – **Z2** - *Piazza Campetto, 8 - M De Ferrari - ✆ 010 251 00 86 - www.galleriaimperiale.com - 10h-12h30, 15h30-19h30 - fermé dim. et lun. mat.* Salle des ventes installée au rez-de-chaussée du Palazzo Imperiale. Ce bric-à-brac de meubles, de tableaux, de vaisselle et d'objets divers, disposé parmi les stucs et sous les voûtes décorées de fresques baroques du palais, a quelque chose de surréaliste. À ne pas manquer !

15 La Butteghetta Magica – **Z1** - *Via della Maddalena, 2r - M De Ferrari/San Giorgio - ✆ 010 403 24 43 - 10h-19h - fermé dim.-lun.* Objets de cuisine, ustensiles en terre cuite pour préparer des plats ligures et vaste choix de santons de crèche en matériaux variés.

16 L'Aria del Mare – **Z1** - *Piazzetta Merli, 5 - M De Ferrari - ✆ 348 229 58 74 - 10h-13h, 15h30-19h - fermé. dim. et lun. mat.* Vaisselle et céramiques ligures de fabrication artisanale, ainsi que des tissus imprimés à la main.

Gênes du Siècle d'or

Plan de quartier **p. 34-35**

Gastronomie

3 Cacio e Pepe – **E5** - *Via Lomellini, 14r - M San Giorgio - ✆ 010 898 33 48 - 8h-19h30 (22h vend.-sam.) - fermé dim.* Minuscule échoppe au plafond de laquelle pend une forêt de jambons. Beaucoup de choix de charcuteries, mais aussi de fromages et d'olives.

18 Pasticceria Profumo – **E5** - *Via del Portello, 2 - M De Ferrari - ✆ 010 277 00 02 - www.villa1827.it - 9h-13h, 15h30-19h30 - fermé dim. apr.-midi et lun.* Des douceurs qui sont un plaisir pour les yeux autant qu'un délice pour les papilles. Également des pâtes de fruits et d'excellentes confitures.

Maison

19 Via Garibaldi 12 – **E5** - *Via Garibaldi, 12 (1er étage)- M De Ferrari - ✆ 010 253 03 65 – viagaribaldi12.com - 10h-14h, 15h30-19h - fermé dim.-lun.* Objets de déco design et articles chics pour la maison exposés au milieu des fresques, des stucs et des ors de l'ancien palais de Baldassarre Lomellino (au 16e s.), puis de Cristoforo Spinola (au 18e s.), ambassadeur de la République de Gênes à Paris. Un lieu somptueux et un véritable voyage esthétique, avec un patron qui est une mine d'informations sur la ville !

Livres et disques

17 Via del Campo 29r – **D5** - *Via del Campo, 29r - M Darsena - ✆ 010 247 40 64 - www.viadelcampo29rosso.com - 10h30-12h30, 15h-19h - fermé lun.-merc.* Boutique-musée dédiée au chanteur-compositeur Fabrizio De André. Livres, CD et DVD sur les *cantautori* (*« Musiques », p. 150*).

La ville moderne

Plan de quartier p. 49

Gastronomie

21 Enoteca Infernotto – **F7** - *Via Giuseppe Macaggi, 64r - ✆ 010 856 56 96 - 9h-15h, 18h-23h30 - fermé dim.* Une *enoteca con cucina*, à la fois bar et cave à vin, où l'on peut tester les vins en vente en dégustant un plat léger. Bons conseils sur l'achat des meilleurs crus de Ligurie et d'ailleurs.

23 Pasticceria Tagliafico – **G6** - *Via Galata, 31r - M Brignole - ✆ 010 565 714 - www.pasticceriatagliafico.it - 7h30-19h30 - fermé dim. en juil.-août et lun. le reste de l'année.* Choix vertigineux de petits gâteaux *(monoporzione)* dont on ne fait qu'une bouchée. Et tout un cortège de tentations : *krantz, caporali, colombe, licini, amaretti, pandolce, biscotti del Lagaccio.*

Mode

31 Finollo – **F6** - *Via Roma, 38r - M De Ferrari - ✆ 010 56 20 73 - 9h30-13h, 15h30-19h - fermé dim.-lun.* Une boutique historique, fondée en 1899 et installée dans un beau magasin Liberty, qui propose aux gentlemen génois des cravates et des chemises sur mesure très raffinées.

30 Rosso35 – **F8** - *Via Vannucci 35r - M Brignole - ✆ 010 56 20 39 - www.rosso35.com - 10h-19h, lun. 15h-19h - fermé dim.* À deux pas de la Villa Croce, un peu cachée comme tous les trésors, cette boutique, *outlet* d'une marque génoise fondée en 1973, propose des vêtements féminins très chics. Leurs lignes épurées sont mises en valeur par des tissus de qualité.

La ville haute et les forts

Plan détachable

Objets d'art

26 Cambi Casa d'Aste – **G5** - *Mura di San Bartolomeo, 16 - ✆ 010 839 50 29 - www.cambiaste.com - 9h-13h, 14h-18h - fermé w.-end.* Salle des ventes aux enchères de Gênes, dans le décor décadent du château Mackenzie (*p. 24*).

22 Antica Farmacia Sant'Anna – **F5** - *Piazza Sant'Anna, 8 (accès par funiculaire de Sant'Anna au dép. de Piazza Portello) - ✆ 010 25 13 285 - www.erboristeriadeifrati.it - 8h30-12h30, 15h45-19h - fermé sam. apr.-midi et dim.* L'ancienne pharmacie des frères carmes déchaux propose une gamme extraordinaire de remèdes naturels, tisanes, potions et sirops ainsi qu'une ligne de cosmétiques à base de plantes. Le frère Ezio, expert herboriste, conseille et aide à choisir le topique le plus adapté pour retrouver équilibre et harmonie – même si le calme et l'atmosphère hors du temps du lieu constituent déjà à eux seuls le meilleur remède à bien des maux.

Promontoire de Portofino

Camogli

Gastronomie

Pasta Fresca Fiorella – *Via Garibaldi, 199 - ✆ 0185 77 10 96 - 8h30-14h, 16h30-19h30, merc. 8h30-14h, vend.-sam. 8h30-19h30, dim. 8h30-18h30.* Des pâtes fraîches (*pansoti, ravioli, trofie*), du *pesto*, de la sauce aux noix et bien d'autres spécialités gourmandes pour retrouver chez soi tous les parfums et les saveurs de la Ligurie.

La Bottega dei Piaceri – *Via della Repubblica, 87 - ✆ 0185 77 15 20 - 8h-20h.* Tout le répertoire gastronomique de la région : vins, huiles, pâtes, sauces...

Santa Margherita Ligure

Gastronomie

Seghezzo – *Via Cavour, 1 - ✆ 0185 28 71 72 - www.seghezzosnc.com - 7h30-13h, 16h30-20h - fermé merc.* Depuis 1900, c'est l'épicerie du village : dans un cadre très élégant, tout de boiseries et de marbres, on y trouve les meilleurs produits de la région et d'Italie.

Rapallo et ses environs

Gastronomie

Parla come Mangi - Bottega Italiana – *Via Mazzini, 44 - ✆ 0185 23 49 93 - www.parlacomemangi.com - 8h-13h, 16h-20h, dim. 8h-13h, 17h-20h.* Une profusion de produits rassemblant l'excellence ligure et italienne : vins, pâtes, sauces, huiles, fromages, charcuterie... Immanquable ! Coin dégustation de vins sur la place.

Maison

Emilio Gandolfi - Pizzi Al Tombolo – *Piazza Cavour, 1 - Rapallo - ✆ 0185 50 234 - www.gandolfipizzi.it - 9h30-12h30, 16h-19h30 - fermé dim. et lun. matin.* Le travail de la dentelle est typique de la localité et le magasin d'Emilio Gandolfi propose depuis 1920 les réalisations des meilleurs artisans.

Tessiture Cordani-Seterie di Zoagli – *Via San Pietro, 21 - Zoagli, à 6 km à l'est de Rapallo - ✆ 0185 25 91 41 - www.tessiturecordani.it - 9h-13h, 14h-18h - fermé dim. et mar.* Dans le petit bourg de **Zoagli**, réputé pour l'art de travailler la soie, la famille Cordani tisse à la main depuis 1849 ses magnifiques soies et velours. Leur spécialité est le *velluto liscio genovese*, un velours fabriqué sur un métier à tisser ancien, qui donne un tissu brillant et compact inégalable. Visites guidées de l'atelier sur RV.

Tessitura Gaggioli – *Via dei Velluti, 1 - Zoagli, à 6 km à l'est de Rapallo - ✆ 0185 25 90 57 - www.tessituragaggioli.it - 9h-12h, 15h-18h30 - fermé sam. apr.-midi et dim.* Dans une charmante villa Belle Époque, la famille Gaggioli produit artisanalement depuis 1932 ses splendides soies, velours et damas. Il est possible d'assister au tissage dans l'atelier.

Fratelli Levaggi – *Via Parma, 469 - Chiavari, à 20 km à l'est de Rapallo - ✆ 0185 38 30 92 - www.levaggisedie.it - 8h30-12h30, 14h30-19h, sam. 8h30-12h, 16h-19h - fermé dim.* Si vous êtes à la recherche de *chiavarine*, ces chaises typiques très légères au siège empaillé, créées en 1807 à Chiavari par Giuseppe Descalzi, vous êtes au bon endroit. Autre adresse à Chiavari : **Podestà Adriano** - *Via Gastaldi, 17 - ✆ 0185 30 82 08.*

Les Cinque Terre

Artisanat

Fabbrica d'Arte – *Via Roma, 9 et Via Vittorio Emanuele, 25 - Monterosso - ✆ 334 751 60 37 - www.fabbricadarte.com - 10h-20h.* Un atelier artisanal qui produit de très jolis objets en grès, céramique et terre cuite rendant hommage aux cinq villages.

Galeries d'art

Galleria Calandra Arte – *Via Discovolo, 295 - Manarola - ✆ 0187 92 08 71 - www.calandraarte.it - 11h-18h.* Fondée en 1999 par Sebastiano Calandra, la galerie organise des expositions d'artistes contemporains de renommée internationale et promeut les œuvres liées au paysage des Cinque Terre.

Sciaccheart – *Via San Giacomo, 51 - Riomaggiore - ✆ 0187 76 00 56 - 10h-19h.* Petit espace dédié à l'art contemporain.

Bottega d'Arte Cinqueterre – *Via Roma, 21 - Vernazza - ✆ 0187 81 20 93 - www.cinqueterreart.com - 9h30-23h.* Tableaux de l'artiste Antonio Greco, l'enfant du pays rentré à Vernazza après une longue carrière internationale. Autre adresse à Monterosso *(Via Roma, 16).*

Gastronomie

A Bütiega – *Via Fieschi, 142 - Corniglia - ✆ 0187 81 22 92 - 8h-20h.* Une minuscule épicerie où trouver de bons produits bio et locaux : huiles, miel, *pesto* et fruits frais.

Luigina - Il Laboratorio del Pesto – *Corso Italia, 16 - Levanto - ✆ 0187 80 74 41 - www.illaboratoriodelpesto.it - 8h30-13h30, 15h30-21h.* Une caverne d'Ali Baba qui regorge de vins et produits typiques de la région, mais surtout d'un *pesto* succulent, de fabrication artisanale.

Olioteca Bansigo – *Via Cappellini, 95 - Portovenere - ✆ 0187 79 30 45 - 9h30-20h.* Une adresse où déguster, savourer et comparer les meilleures huiles d'olive de la région. Également des spécialités ligures dont l'incontournable *pesto,* à la texture crémeuse et la jolie couleur claire.

Vins

Cantina Cinqueterre – *Groppo, à 2,5 km au nord-est du port de Manarola, sur la rte de Volastra - ✆ 0187 92 04 35 - cantina5terre.com - 9h-19h, dim. 9h-12h30, 14h30-19h - nov.-mars : fermé dim. et mar.-merc. apr.-midi - visite de la cave et dégustation sur réserv.* La cave coopérative des Cinque Terre propose les vins typiques du terroir (*Cinque Terre* blanc, *sciacchetrà*), *grappa, limoncello*, huiles, miel et sauces.

Cantina Buranco – *Via Buranco, 72 - Monterosso - ✆ 349 434 80 46 - www.burancocinqueterre.it - 12h30-22h - fermé dim. - sur réserv. uniquement.* Nichés sur les hauteurs de Monterosso, ces 3 ha cultivés de vignobles, d'oliviers et de citronniers sont traversés par le ruisseau qui donne son nom à ce magnifique domaine. On y trouve le rare et précieux *sciacchetrà*, mais aussi de la *grappa*, des huiles, des citrons et du miel.

Sortir

Repérez les adresses sur nos plans grâce aux pastilles numérotées (ex. 1). Les coordonnées en rouge (ex. C2) font référence au plan détachable (à l'intérieur de la couverture) et au plan de quartier de la vieille ville (ex. Y3).

Le port

Plan de quartier **p. 17**

13 **Arena del Mare** – **C6** - *Calata Molo Vecchio, 15 - M San Giorgio - www.portoantico.it - 010 248 57 11.* Concerts en plein air donnés par de grandes stars italiennes et internationales.

18 **518 Cocktail & Restaurant** – **D5** - *Galata Museo del Mare - Calata Ansaldo de Mari 1 - M San Giorgio - 349 670 10 32 - www.518cocktail restaurant.it - à partir de 18h - fermé lun.* Au 1er étage du musée Galata, il offre une vue imprenable sur le port et un bon choix de cocktails.

La vieille ville

Plan de quartier **p. 22**

1 **Ai Troëggi** – **Y2** - *Via Chiabrera, 61A - M San Giorgio - 349 719 73 63 - 17h30-1h, vend.-sam. 2h, dim. 0h - fermé lun.* Pour l'apéritif ou l'après-dîner. La spécialité du lieu est la *bruschetta*, déclinée en plusieurs variantes, accompagnées d'un verre de vin ou bière. Cadre rustique et décontracté.

2 **La Claque** – **Z3** - *Via San Donato, 9 - M Sarzano - 010 247 07 93 - www.teatrodellatosse.it* Salle du Teatro della Tosse, d'une capacité de seulement 200 personnes, dévolue aux musiques actuelles.

3 **Taverna Zaccaria** – **Y2** - *Vico San Cosimo, 3r - M San Giorgio/ Sarzano - 010 403 79 66 - 18h-1h (2h vend.-sam.) - fermé lun.-mar.* Selon les soirs, on vient écouter de la musique acoustique, un DJ, déguster des vins ou des cocktails ou simplement passer une bonne soirée.

4 **Teatro della Tosse** – **Z3** - *Piazza Renato Negri, 6 - M Sarzano - 010 247 07 93 - www.teatrodellatosse.it.* Siège de la Compagnia della Tosse, il propose du théâtre, mais aussi des spectacles musicaux ou comiques et de la danse.

19 **Malkovich** – **Y1** - *Via ai 4 Canti di San Francesco, 32r - M San Giorgio - 393 011 03 93 - 21h-1h (3h vend.-sam.3h) - fermé dim. - réserv. obligatoire le w.-end.* Les *speakeasies* sont la mode du moment un peu partout, mais le Malkovich, niché dans une cave de la vieille ville, a du cachet. Les cocktails sont formidables et la préparation se fait dans les règles de l'art. Pour récupérer le mot de passe, surfez sur la page FB du bar ou composez le numéro de téléphone. Bonne chance !

15 **La Libreria di Piazza delle Erbe** – **Z2-3** - *Piazza delle Erbe, 25 - 391 177 72 82 - caffeletterariogenova.com - à partir de 17h - fermé dim.* Installée dans une ancienne librairie, cette adresse est idéale pour déguster un café en

feuilletant des livres et des magazines. Très prisée à l'heure de l'apéritif.

Gênes du Siècle d'or

Plan de quartier **p. 34-35**

6 **Count Basie - Jazz Club** – **D5** - *Vico Tana, 20r - M De Ferrari - ✆ 345 265 03 47 - www.countbasie.it. - jeu.-sam. à partir de 21h30.* Concerts de jazz et de blues.

La ville moderne

Plan de quartier **p. 49**

7 **Louisiana Jazz Club** – **E6** - *Via San Sebastiano, 36r - M De Ferrari - ✆ 348 862 11 53 - www.louisianajazz.it.* Boîte de jazz où se sont produits de grands noms du genre.

8 **Politeama Genovese** – **F5** - *Via Bacigalupo, 2 - M De Ferrari - ✆ 010 839 35 89 - www.politeamagenovese.it.* Spectacles d'art dramatique et concerts de stars de variétés.

9 **Teatro Carlo Felice** – **E6** - *Passo Eugenio Montale, 4 - M De Ferrari - ✆ 010 538 14 32 - www.carlofelicegenova.it - billetterie : Galleria Cardinale Siri, 6.* L'opéra de Gênes (*p. 46*) accueille des ballets, des récitals, des concerts de musique symphonique et des concerts-apéritifs le dim. à 11h.

10 **Teatro Nazionale di Genova** – **G6** - *Piazza Borgo Pila, 42 - M Brignole - info sur les billetteries au ✆ 010 534 24 00 ou sur le site Internet : teatronazionalegenova.it.* Pièces de grands auteurs du répertoire, concerts et spectacles de danse dans quatre salles distribuées dans des endroits différents de la ville : Corte, Duse, Modena et Mercato.

Le Grand Gênes

Albaro

La Piazza 32 – **Hors plan** - *Piazza Henry Dunant, 32 - ✆ 348 915 17 95 ou 010 234 43 10 - à partir de 17h, w.-end aussi à midi.* Le cocktail-bar du centre de sport Arena Albaro Village propose une belle sélection de boissons accompagnée par des tapas.

Estoril Club – **Hors plan** - *Corso Italia, 7/D - ✆ 010 362 37 54 - www.estorilbeachclub.com - 19h-23h (4h vend-sam.) - fermé mar.* Sur le Lido, une discothèque sur deux niveaux, avec différentes musiques selon les soirs.

Promontoire de Portofino

Santa Margherita Ligure

Covo di Nord-Est – *Lungomare Rossetti, 1 - ✆ 0185 29 03 48 - www.covodinordest.it - entrée sur réserv. par tél. ou avec enregistrement sur le site.* Le rendez-vous mythique de la *dolce vita* des années 1960 comprend une plage privée et plusieurs pistes de danse, bars et restaurants. Soirées DJ, musique live et spectacles de cabaret.

Se loger

Les **hôtels** de catégorie moyenne se concentrent près des gares de Brignole et de Principe et de la gare maritime, tandis que les rues de la vieille ville comptent de nombreux établissements bas de gamme ; demandez toujours à voir la chambre avant de vous décider et pensez que la Via di Prè et la Via del Campo ne sont pas particulièrement agréables une fois la nuit tombée.

Le site **www.bed-and-breakfast.it** présente un vaste choix de B & B. Pour louer un appartement : www.airbnb.fr, www.interhome.fr, www.homelidays.com ou www.abritel.fr.

À l'occasion de manifestations commerciales ou touristiques (comme le **Salon nautique international**, en octobre), les prix des hôtels grimpent : pensez à bien vérifier au moment de la réservation.

Repérez les adresses sur nos plans grâce aux pastilles numérotées (ex. 1). Les coordonnées en rouge (ex. C2) font référence au plan détachable (à l'intérieur de la couverture) et au plan de quartier de la vieille ville (ex. Y3).

Le port

Plan de quartier p. 17

Moins de 80 €

4 **Abbey Hostel** – **D5** - *Vico di Santa Fede, 8-10 - M Darsena - 010 40 33 223 - www.thehostel.it - - ch. doubles 65 € et dortoirs - 25 €/pers.* Logée dans un couvent du 14e s., cette auberge très accueillante, propose aussi des chambres pour 1 ou 2 pers. : l'occasion de profiter du centre-ville dans un cadre agréable sans se ruiner. Une autre adresse de la chaîne est **Castle Hostel**, une demeure ancienne, nichée dans la verdure, avec une belle situation panoramique sur les hauteurs de Castelletto. *Salita San Nicolò, 25.*

De 110 à 140 €

10 **B & B dell'Acquario** – **D6** - *Vico Cimella, 6r - M San Giorgio - 010 860 14 28 - www.bbacquario.com - 2 ch. 128 €* . Un entrepôt à sel du 17e s. qui abrita aussi des ancres et du matériel marin, rénové avec goût et beaucoup d'originalité. Dotées d'une entrée privée donnant sur l'extérieur, les chambres sont colorées, lumineuses et impeccables, avec murs en pierres apparentes. Petit-déjeuner et fruits frais servis en chambre.

13 **Genova Suite Art** – **D5** - *Via al Ponte Calvi 3/1 - M San Giorgio - 331 825 25 00 - www.genovasuiteart.it - 4 ch. 140 €.* En face du vieux port, au 1er étage du Palazzo Pallavicini-Fabiani – l'un des palais des Rolli –, ce B & B propose des chambres très soignées aux fresques anciennes.

Plus de 140 €

12 **Bluripa Guesthouse** – **E5** - *Via di Sottoripa, 1A - M San Giorgio - 010 292 9652 - www.bluripa.it - - 5 ch. 146/183 €.* Avec vue imprenable

sur le vieux port, ce B & B abrite des chambres modernes et confortables.

(14) **Hotel de Ville** – **D5** - *Via di Sottoripa 5 - ✆ 010 79 60 686 - hoteldeville.it - ▤ - 17 ch. 215/317 €.* Dans le ravissant Palazzo Serra Gerace, sur la *ripa maris* de Gênes, un hôtel de luxe avec des chambres spacieuses et de grand confort et des espaces communs de charme.

La vieille ville

Plan de quartier p. 22

Moins de 80 €

(2) **OStellin Genova Hostel** – **Z1** - *Vico dei Parmigiani, 1-3 - M De Ferrari - ✆ 375 516 08 64 - www.ostellingenova.it - 1 ch. et 3 dortoirs 38/45 €/pers.* ☕. À l'étage noble d'un palais situé dans une ruelle donnant sur la Via XXV Aprile, vous êtes en plein centre ! Certains dortoirs possèdent des plafonds peints et des sols typiquement génois. Déco de récup' sympa. Accès Internet et ordinateur à disposition, possibilité de cuisiner.

De 80 à 110 €

(17) **B & B Le Coccole** – **Y1** - *Piazza delle Vigne, 3 - 5e ét. par ascenseur ou 4e par les escaliers - ✆ 346744 41 99 - www.lecoccolebnb.it - 3 ch. 80/95 €.* Derrière les fresques de Luca Cambiaso en façade, l'ancien palais Grillo Spinola abrite un B & B très agréable. Les chambres, toutes différentes, sont spacieuses avec entrée et petit salon, comme une suite. L'emplacement, au cœur de la vieille ville, est idéal et l'accueil de Chiara, sympathique. Seul mini bémol, l'accès par l'ascenseur, un peu compliqué.

Plus de 140 €

(3) **Residenza d'Epoca Le Nuvole** – **Y1** - *Piazza delle Vigne, 6 - M De Ferrari - ✆ 010 251 00 18 - www.hotellenuvole.it - ▤ - 15 ch. 140/180 €* ☕. Dans cette demeure située en face de l'église Santa Maria delle Vigne, portail en marbre Renaissance et fresques au plafond, stucs et décorations florales contrastent avec le design dépouillé des chambres claires, dotées de salles de bains dernier cri. Un bel hôtel de charme.

(1) **Palazzo Grillo** – **Y1** - *Piazza delle Vigne, 4 - M De Ferrari - ✆ 010 247 73 56 - www.hotelpalazzogrillo.it - ▤ ♿ - 25 ch. 220/299 € - ☕ 15 €.* Bienvenue dans un hôtel de luxe – et de charme ! – au cœur du centre-ville. La gestion (impeccable) est la même que celle de l'hôtel Le Nuvole, tout à côté. Le palais est un joyau du 16e s. inscrit aux Rolli, avec des plafonds peints par Giovanni Battista Castello et Domenico Piola. Le décor est un mix savant de modernité et design et les chambres sont toutes personnalisées. Une partie du 1er étage est réservée aux expositions d'art (*entrée à part*).

Gênes du Siècle d'or

Plan de quartier p. 34-35

De 80 à 110 €

(8) **Hotel Nuovo Nord** – **D4** - *Via Balbi, 153r - M Principe - ✆ 010 246 44 70 - www.hotelnuovonord.com - ▤ P - 19 ch. 99/135 € - ☕ 8 €.* Chambres confortables au décor moderne réussi, dotées de salles de bains immaculées, à deux pas de la gare de Principe. Évitez celles donnant sur la rue. Excellent rapport qualité-prix.

7 **Hotel Cairoli** – **E5** - *Via Cairoli, 14r - M Darsena - ✆ 010 246 14 54 - www.hotelcairoligenova.com - ▤ - 12 ch. 84/140 € ☕*. Aux 3e et 4e étages d'un grand immeuble, les chambres, agréables, sont décorées chacune en hommage à un grand artiste du 20e s., de façon originale et très colorée. Une situation centrale et un accueil sympathique.

18 **B & B Casa Ramé** – **E5** - *Via Cairoli, 8 - ✆ 329 002 90 31 - www.residenzacattaneo.com - 2 ch. 70/90 € ☕ - 1 suite familiale 110/150 € (maxi 5 pers.)*. Petit B & B agréable, très joliment meublé, à deux pas de la Via Garibaldi.

19 **Dimora Almayer** – **E5** - *Via San Siro, 1r - ✆ 329 002 90 31 - www.almayerdimorastorica.com - appart. complet 2 ch. - capacité 7 pers. - 200 € jusqu'à 3 pers., 40 €/pers. suppl*. Grand appartement de 120 m² dans un ancien palais seigneurial, avec plafonds décorés à la fresque et cheminées en marbre. Décoré avec beaucoup de goût, très confortable, il est situé à 300 m de la Via Garibaldi, dans une petite rue calme, juste à côté de l'église San Siro. Une excellente solution pour les familles et les groupes.

112

Plus de 140 €

16 **Grand Hotel Savoia** – **D4** - *Via Arsenale di Terra, 5 – M Principe - ✆ 01 02 77 21 - www.grandhotelsavoiagenova.it - ▤ ✕ P 25 €/j. - ♿ - 117 ch. à partir de 150 € ☕*. Placé juste en face de la gare Principe, cet établissement historique présente tout le confort d'un grand hôtel 5 étoiles. Chambres impeccables de goût classique, beau salon Liberty, Spa avec Jacuzzi panoramique au dernier étage. Excellent petit-déjeuner.

La ville moderne

Plan de quartier **p. 49**

De 80 à 110 €

11 **Hotel Nologo** – **G6** - *Viale Sauli, 5 - M Brignole - ✆ 010 089 80 60 - www.hotelnologo.it - ▤ - 56 ch. 82/98 €*. Un hôtel au look résolument jeune. Les chambres colorées, petites mais fonctionnelles, portent le nom de différents genres de musiques (rock, pop, jazz et reggae). Bien pour les familles, car l'adresse dispose de chambres à plusieurs lits.

Plus de 140 €

6 **City Hotel** – **E6** - *Via San Sebastiano, 6 - M De Ferrari - ✆ 010 584 707 - www.bwcityhotel-ge.it. - ▤ ✕ - P 25 €/j. - 🏊 - 64 ch. 145/220 €*. Établissement bien situé proposant des chambres confortables, sobres et très calmes, bien qu'à deux pas du centre historique. Petit-déjeuner exceptionnel. Chambres spéciales pour femme et pour enfants.

5 **Hotel Bristol Palace** – **F6** - *Via XX Settembre, 35 - M De Ferrari - ✆ 010 592 541 - www.hotelbristolpalace.com - ▤ ✕ - P 27 €/j. - 128 ch. et 5 suites 190/302 € ☕*. Princier ! Un palais du 19e s. qui s'ouvre sur un splendide escalier elliptique desservant les chambres et les espaces communs ornés de stucs et de tapisseries. Chambres vastes et douillettes.

9 **Melià Genova** – **F7** - *Via Corsica, 4 - ✆ 010 53 15 111 - www.melia.com - ▤ ✕ - P 36 €/j. - ♿ - 97 ch. 199/259 € ☕*.

Ce bel édifice du début du 20e s., situé dans le prestigieux quartier Carignano, abrite un hôtel de luxe qui comprend, entre autres, un centre de bien-être avec petite piscine et des chambres confortables aux couleurs recherchées (platine, titane et cuivre). Plats ligures et méditerranéens actualisés, servis au restaurant Marea.

Promontoire de Portofino

Camogli

De 110 à 140 €

La Giara – *Via Cavour, 79 - Recco - 2,5 km à l'ouest de Camogli - ✆ 0185 74 224 - www.hotel-lagiara.com - ▤ - 10 ch. 120 € ☕.* Jolie villa Liberty, un peu excentrée, avec une belle vue sur les montagnes et la mer qui s'étend jusqu'à Punta Chiappa.

La Camogliese – *Via Garibaldi, 55 - ✆ 0185 77 14 02 - www.lacamogliese.it - ▤ - 21 ch. 122/152 € ☕.* Géré par la même famille depuis 1950, cet hôtel familial et accueillant se trouve au début de la promenade du bord de mer de Camogli, à deux pas de l'ascenseur qui mène à la gare et au parking. Chambres confortables au décor simple, récemment rénovées.

Plus de 140 €

Locanda I Tre Merli – *Via Scalo, 5 - ✆ 0185 77 67 52 - www.locandaitremerli.com - ▤ ✕ - 5 ch. 150/170 € - ☕ 12 €.* Un emplacement inégalable pour cet hôtel-boutique installé en face de la jetée de Camogli. Chambres élégantes et très confortables avec vue sur le port et petit espace détente.

Villa Rosmarino – *Via Figari, 38 - ✆ 0185 77 15 80 - www.villarosmarino.com - ▤ P - 6 ch. - 320/390 € ☕.* Un lieu de charme sur les hauteurs de Camogli qui propose des chambres à l'élégance épurée et luxueuse. Jardin aux senteurs méditerranéennes avec piscine et vue sur la mer.

Cenobio dei Dogi – *Via N. Cuneo, 34 - ✆ 0185 72 41 - www.cenobio.it. - ▤ P - 179/379 € ☕.* Plage privée, piscine, jardin et terrasse donnant sur la mer. Une enclave de luxe ancrée tout au bout de la plage de Camogli.

Rapallo

De 80 à 110 €

Hotel delle Rose – *Via Aurelia Levante, 65 - ✆ 0185 50 736 - www.hoteldelleroserapallo.it - ▤ - 5 ch. 70/135 € ☕.* Rien n'a changé depuis l'époque de l'amiral Costantini, en 1908. Rien sauf, bien sûr, les chambres et les salles de bains (petites mais confortables). Pratiquement toutes les chambres donnent sur le golfe de Rapallo. Mention spéciale pour la gentillesse de l'accueil et l'excellent petit-déjeuner, dont le parfum flotte dans toute la maison dès 7h30.

Santa Margherita Ligure

De 80 à 110 €

Agriturismo Villa Gnocchi – *Via Romana, 53 - loc. San Lorenzo della Costa - ✆ 0185 283 431 - www.villagnocchi.it - fermé de mi-oct. à mi-avr. - 🏊 - 12 ch. 100/120 €.* Un site enchanteur, dominant Santa Margherita et le golfe du Tigullio, et une agréable terrasse-jardin d'où l'on jouit d'une vue magnifique pour le petit-déjeuner. Chambres lumineuses et très soignées, joliment décorées.

Plus de 140 €

Hotel Jolanda – *Via Luisito Costa, 6 - ✆ 0185 28 75 12 - www.hoteljolanda.it - ▤ ✕ - P 20 €/j. - 48 ch. 211/295 €.* Un hôtel familial rénové, agréable et accueillant. Chambres classiques bien équipées et joli espace fitness. Bon rapport qualité-prix pour la localité.

Les Cinque Terre

Parc national oblige, vous ne trouverez pas de grands hôtels aux Cinque Terre, cependant l'offre d'hébergement est malgré tout importante, mais les prix assez élevés. Dans la grande majorité des cas, il s'agit de chambres ou d'appartements que les habitants ont aménagés dans d'anciennes maisons familiales rénovées.

D'autres adresses sur le site www.parconazionale5terre.it/dormire.php qui présente la liste des structures d'accueil validées par le Parc pour leur respect des normes établies en matière de valorisation et protection du territoire. La plupart des établissements sont fermés en hiver.

Levanto

Moins de 80 €

Ostello Ospitalia del Mare – *Via San Nicolò - ✆ 0187 80 25 62 - www.ospitalialevanto.com - fermé nov.-fév. - ♿ - 15 ch. 62 €.* Dans un ancien couvent des Augustiniens du 16e s., l'auberge dispose de 70 lits répartis en chambres de 2, 4, 6 ou 9 pers., toutes avec salle de bains privée.

La Loggia – *Piazza della Loggia - ✆ 018780 81 07 - www.loggialevanto.com - ▤ - 3 ch. 30/38 €/pers. et 1 appart. pour 4 pers. 100/150 €.* Une bonne adresse au centre de Levanto, avec un rapport qualité-prix imbattable pour la région. Restaurant.

Plus de 140 €

Villa Margherita – *Via Trento e Trieste, 31 - ✆ 0187 807212 - www.villamargherita.net - ▤ P - 153/204 €.* La villa à l'architecture cubique typiquement ligure abrite des chambres très spacieuses, avec un petit jardin très agréable pour le petit-déjeuner.

Agriturismo Villanova – *Loc. Villanova, à 1,5 km à l'est de Levanto, dir. Monterosso - ✆ 0187 80 25 17 - www.agriturismovillanova.it - ▤ - 7 ch. et 6 appart. 176/297 €.* Charme et grand calme dans cette splendide propriété agricole aux deux dépendances : la maison de maître du 18e s. et le presbytère. Appartements et chambres soignés jusque dans le moindre détail, petit-déjeuner servi dans le jardin aux beaux jours.

Palazzo Vannoni – *Via Guglielmo Marconi, 4 - ✆ 0187 80 81 46 - www.hotelpalazzovannoni.it - fermé nov.-mars - ▤ - 11 ch. 190/230 €.* Fresques au plafond, grotesques sur les murs et mobilier ultramoderne pour des chambres très confortables installées dans ce *palazzo* du 18e s.

Monterosso

Plus de 140 €

Locanda il Maestrale – *Via Roma, 37 - ✆ 0187 81 70 13 - www.locandamaestrale.net - ▤ - 6 ch. 170 €.* Une petite adresse soignée et accueillante, dans une maison du 18e s. au cœur de Monterosso. Belle terrasse sur la rue principale et chambres agréables.

Vernazza

Plus de 140 €

Gianni Franzi – *Via San Giovanni Battista, 41 - ✆ 0187 812228 - www.giannifranzi.it - ▤ - 7 ch. 145/165 € ☕.* Les chambres, toutes différentes, sont adossées au château Doria et communiquent entre elles par une petite terrasse en à pic sur la mer : un belvédère où vous prendrez votre petit-déjeuner en compagnie des mouettes.

Corniglia

De 110 € à 140 €

Il Carugio di Corniglia – *Via alla Stazione, 19 - ✆ 0187 81 22 93 - www.ilcarugiodicorniglia.com - ▤ P - 1 ch., 4 studios et 4 appart.* Les appartements occupent 3 maisons traditionnelles dispersées dans le village. Une très bonne solution pour les séjours en famille.

Plus de 140 €

Le Terrazze – *Via Fieschi, 102 - ✆ 349 845 96 84 - www.eterasse.it - ▤ - 2 ch. et 6 appart. 140/170 €.* Dans une ruelle du centre, deux sœurs ont transformé avec goût cette vieille maison de famille pour y louer des chambres et quelques appartements.

Manarola

De 110 à 140 €

Ca' d'Andrean – *Via Discovolo, 101 - ✆ 0187 92 00 40 - www.cadandrean.com - ▤ - 10 ch. 130/150 € - ☕ 7 €.* Le décor rustique évoque la campagne toute proche. Chambres spacieuses, certaines avec balcon donnant sur les cultures en terrasses. Après la randonnée, on se délasse autour de la cheminée du salon ou sous les citronniers du jardin.

Plus de 140 €

Marina Piccola - *Via Renato Birolli, 120 - ✆ 0187 920 770 - www.hotelmarinapiccola.com - ▤ - 12 ch. 155 € ☕.* L'une des adresses les plus agréables des Cinque Terre. Totalement refait en 2015, l'hôtel propose des chambres confortables donnant sur la rue principale ou sur le minuscule port de Manarola.

Riomaggiore

De 110 à 140 €

Hotel Cà dei Duxi – *Via Colombo, 36 - ✆ 0187 920036 - www.duxi.it - ▤ - P 20 €/j. - 15 ch. 130 €.* L'ancienne demeure de la famille de vignerons Castiglione a été transformée en un hôtel agréable. Bonne situation dans la rue principale de Riomaggiore, un bon rapport qualité/prix, des chambres simples mais confortables et lumineuses. On prend son petit-déjeuner dans l'ancienne cave où les Castiglione produisaient leur *sciacchetrà*. Possibilité de louer également 7 appartements (du studio au 2 pièces).

Portovenere

Plus de 140 €

Hotel Paradiso – *Via Garibaldi, 34 - ✆ 0187 79 06 12 - www.hotelparadisoportovenere.com - ▤ - P 20 €/j. - 21 ch. 190/200 € ☕.* Une bonne option à Portovenere pour sa situation un peu excentrée, donc au calme, et sa jolie vue sur le port. Chambres agréables et lumineuses.

CARNET PRATIQUE

Porto Antico.
R. Mattes/hemis.fr

Préparez votre voyage

Formalités d'entrée

Documents – Carte d'identité pour les résidents de l'Union européenne et les Suisses ; pour les Canadiens, passeport en cours de validité pour un séjour inférieur à trois mois.

Douane – Pas de franchise douanière. La réglementation concernant les importations (alcool, cigarettes, etc.) est la même dans toute l'Union européenne. Pour plus de précisions, consultez les sites www.douane.gouv.fr et www.adm.gov.it.

Covid 19 – Avant le voyage, consultez les dernières informations relatives à la crise sanitaire sur le site **www.diplomatie.gouv.fr** (site du ministère de l'Europe et des Affaires étrangères). Vous pouvez également consulter **it.ambafrance.org** (site de l'ambassade de France en Italie).

Aller en avion

« Arriver à Gênes », p. 3.

Compagnies aériennes

Au départ de Paris-CDG, vols quotidiens directs assurés par Air France et Vueling. Comptez au moins une escale au départ de Bruxelles et des grandes villes françaises ou suisses.

Air France – 36 54 (0,34 €/mn ou 0 892 70 26 54 de l'étranger) - www.airfrance.fr.

Vueling - www.vueling.com

Comparateurs de vols

Les sites www.opodo.fr, www.ebookers.fr, www.skyscanner.fr, etc. permettent de comparer les horaires et les tarifs des vols et de réserver en ligne.

Aller en train

« Arriver à Gênes », p. 3.

Au départ de la France

SNCF – 36 35 (appel non surtaxé) - www.sncf-connect.com. De Paris (gare de Lyon ou gare de Bercy), trains pour Gênes avec correspondance à Bâle, Zurich, Turin, Milan ou Nice.

Thello – www.thello.com. Ligne Marseille-Gênes (4h30) avec arrêts à Toulon, Cannes, Nice et Monaco. Arrivée à la gare de Piazza Principe.

Au départ de la Suisse

Liaison avec les principales villes comprenant au moins une correspondance à Milan.

CFF – 900 300 300 - www.sbb.ch/fr/

Aller en voiture

Gênes est desservie par 4 autoroutes : l'A 12 (de Florence), l'A 7 (de Milan), l'A 26 (de Turin) et l'A 10 (de Nice).

Aller en autocar

De Paris, Marseille et Nice, liaisons vers Gênes avec **Blablacar bus** (www.blablacar.fr/bus) et **Flixbus** (www.flixbus.fr).

Argent

La devise est l'**euro**.

Cartes de crédit – La plupart des hôtels, restaurants et magasins acceptent le règlement par carte.

Prévoyez toujours du liquide pour régler votre note dans les restaurants bon marché, les petites boutiques et les taxis.
Les **distributeurs** (Bancomat) sont nombreux dans la ville moderne, mais plus rares dans le centre historique. Au-delà d'un certain nombre de retraits, votre banque prélèvera une commission forfaitaire.
En cas de perte de votre carte bancaire, voir encadré « Pas de panique ! », ci-contre.

Saisons

Climat

Bordant la Méditerranée, Gênes et la Riviera Ligure jouissent d'un climat très tempéré. En hiver, la température moyenne demeure autour de 10 °C, et les négatives sont rarissimes. En été, la moyenne se situe autour de 25 °/30 °C. Un vent chaud souffle souvent sur la ville et la côte.

Quand y aller

Gênes peut se découvrir en toute saison, sachant que les mois de janvier à mars et surtout octobre et novembre peuvent être pluvieux (7 à 8 j/mois).
Le printemps, quand la végétation éclate dans toute sa diversité, est la saison idéale pour visiter la côte ligure. L'été, les plages sont prises d'assaut, tandis que les campagnes viticoles prennent un visage particulièrement attachant.

Pour en savoir plus

Pour organiser votre voyage :
www.italia.it/fr/ – site de l'office national du tourisme italien.
www.visitgenoa.it/fr – Portail officiel de l'office du tourisme de Gênes - très complet (français).
www.lamialiguria.it/en/ – Portail de l'association régionale de promotion du tourisme en Ligurie (en italien et anglais).
www.visitriviera.info – Site plus spécialisé dans le tourisme sportif et éco-durable.

Pas de panique !

Numéro unique d'appel d'urgence européen (police, carabiniers, urgences médicales, pompiers) : ✆ 112.
Appli mobile : 112 Where Are You (App Store, Google Play et Microsoft Store)
Objets trouvés : ✆ 010 55 70.
Perte cartes bancaires :
Amex : ✆ + 33 (0)1 47 77 72 00,
Master Card : ✆ 800 870 866,
Visa : ✆ 800 819 014.

Votre séjour de A à Z

Adresses

Les adresses commerciales (boutiques, bureaux, banques, etc.) sont généralement reconnaissables à leur numéro de rue, indiqué sur une plaque **rouge** (noire pour les autres adresses). Dans le libellé de leur adresse, on ajoute un « r » *(pour rosso,* rouge*)* après le numéro de la rue. Ainsi, l'adresse « Via Garibaldi, 12r » n'est pas au même endroit que « Via Garibaldi, 12 » !

Baignade

Se baigner à Gênes et sur la côte ligure n'est pas chose aisée quand on ne connaît ni la ville ni les habitudes locales. Le plus souvent, il vaut mieux aller dans des *bagni*, ces établissements privés qui sont une véritable institution en Italie. Moyennant de 10 à plus de 100 €/j pour les plus luxueux (à Paraggi et Santa Margherita Ligure), vous pourrez y bénéficier d'un *lettino* (matelas, sous un parasol), de douches, voire de serviettes pour les plus luxueux. Pour une baignade agréable, éloignez-vous de Gênes et préférez **Nervi**, plus calme et loin du port. De nombreux *bagni* se succèdent le long de la Passeggiata Anita Garibaldi, sur les rochers : le **Blue Marlin** ou le **Medusa** sont appréciés des locaux et des touristes. Le soir, ils se transforment en bars et en restaurants.

En revanche à Portofino, pas de plage. Quant à **Paraggi**, les prix sont exorbitants, mais la petite portion de plage publique vous permettra de piquer une tête dans des eaux d'une rare clarté. Allez-y tôt le matin (attention fermeture à 19h30). Enfin sur le promontoire de Portofino, à Punta Chiappa ou à San Fruttuoso, la baignade à partir des rochers se pratique de manière plus libre mais avec prudence néanmoins (vagues).

Banques

Pour les visiteurs non issus de la zone euro, il est possible de changer des devises dans les agences de change, moyennant une commission. En 2022, 1 **franc suisse** valait 1.04 € (1 € = 0.95 CHF) ; 1 **dollar canadien** valait 0,75 € (1 € = 1,31 CAD).

Voir « Horaires », ci-contre.

Consulats

France – c/o Alliance Française - Via Garibaldi, 20 - 347 259 74 59.
Belgique – Via Ponte Reale, 2 - 010 249 82 70.
Suisse – Lungobisango Istria, 29 L-R - 010 83 80 511.

Contrefaçon

Posséder un article contrefait expose à des sanctions pénales et douanières très lourdes, même pour quelques DVD.

Croisières

Consorzio Liguria Via Mare – 010 26 57 12 - www.liguriaviamare.it.

Excursions au départ du Porto Antico et de Pegli pour l'observation des cétacés.
La Ligurie fait partie du **sanctuaire Pelagos**, un espace maritime de 87 500 km² soumis à un accord entre l'Italie, Monaco et la France, pour la protection des nombreux mammifères marins qui le fréquentent : www.sanctuaire-pelagos.org/fr/.
Golfo Paradiso – ✆ 0185 77 20 91 - www.golfoparadiso.it. Excursions à Camogli et San Fruttuoso, à Portofino et dans les Cinque Terre ainsi que sorties pour l'observation des cétacés.

Électricité

Même voltage qu'en France (220 V), mais les prises sont différentes : munissez-vous d'un adaptateur.

Horaires

Banques – Généralement ouvertes de 8h30 à 13h30 et de 15h à 17h, et fermées les samedis, dimanches et jours fériés. N'oubliez pas de prendre un ticket avec un numéro de passage.
Églises – Elles sont généralement fermées de 12h à 16h. Certaines restent fermées l'après-midi. Le dimanche matin est réservé aux fidèles pour la messe. Quelques pièces de monnaie sont nécessaires pour faire fonctionner certains éclairages.
Magasins – En principe, les magasins sont ouverts de 9h30 à 19h30 (parfois 21h) même dim. Dans les quartiers éloignés du centre, ils ferment de 13h à 16h en semaine et dim. toute la journée. Certains commerces d'alimentation ferment le merc. apr.-midi.
Musées et sites – Ils sont ouverts au moins de 10h à 17h, parfois jusqu'à 18h/19h30 en été. Les dernières admissions interviennent généralement 30mn ou 1h avant la fermeture. Lundi est la journée de fermeture la plus fréquente. La richesse du patrimoine réclame de nombreuses restaurations, certaines pouvant durer plusieurs années, ce qui entraîne la fermeture de tout ou partie d'un musée. Mieux vaut systématiquement vérifier les horaires avant de traverser la ville pour aller visiter un musée ou une église.
Pharmacies – Les *farmacie* sont signalées par une croix verte. Elles ouvrent généralement du lundi au samedi de 8h30 à 19h. Les noms des médecins de garde et des pharmacies ouvertes le soir et le dimanche y sont affichés.
Postes – Du lun. au vend. de 8h15 à 13h30, le sam. de 8h15 à 12h30. Certains bureaux restent ouverts jusqu'à 19h. Consultez www.poste.it.
Poste centrale : Via Dante, 4B - lun.-vend. 8h20-19h, sam. 8h-12h35.

Internet

La plupart des hébergements, ainsi que divers établissements (cafés, bibliothèques) mettent gratuitement à disposition une connexion Wifi.
En ville, wi-fi gratuit Via Garibaldi, Piazza Matteotti et Piazza De Ferrari.

Jours fériés

Un jour férié se dit *giorno festivo*, un jour ouvrable *giorno feriale*.
1er janvier – Nouvel An.
6 janvier – Épiphanie.

Dimanche et lundi de Pâques.
25 avril – Anniversaire de la libération de 1945.
1er mai – Fête du Travail.
2 juin – Fête de la République.
24 juin – Saint-Jean, patron de la ville
15 août – Fête de l'Assomption *(Ferragosto)*.
1er novembre – Fête de la Toussaint.
8 décembre – Fête de l'Immaculée Conception.
25 et 26 décembre – Noël et Saint-Étienne.

Offices de tourisme (IAT)

Quatre offices de tourisme (www.visitgenoa.it/fr) sont à la disposition des voyageurs :
Via Garibaldi, 12r - ✆ 010 557 29 03 - 9h-18h20.
Ponte Spinola - ✆ 010 557 29 03 - avr.-sept. : 9h-18h20 ; oct.-mars : 9h-17h50.
Stazione Marittima, Ponte dei Mille - ouv. selon arrivée des paquebots de croisière 8h30-12h30.
Aeroporto Cristoforo Colombo, hall Arrivées - ✆ 010 55 72 903 - 11h-19h20.
Visit Genoa est une très bonne application de l'office de tourisme (plan, idées d'excursions, audioguides, adresses, etc.) disponible gratuitement sur Apple Store et Play Store.

Pass touristiques

Genova Museum Card

C'est un billet unique, valable 24h, qui permet d'accéder au réseau de transports publics (sauf Navebus, Volabus et les billets intégrés à Trenitalia) et à tous les musées de Gênes (en particulier les musées de Strada Nuova, Palazzo Reale, Galleria di Palazzo Spinola, Museo Galata, Museo Chiossone, Castello d'Albertis) et de Nervi (Wolfsoniana, Luxoro, GAM et Raccolta Frugone). 15 € - achat auprès de certains des musées participants ou en ligne (www.visitgenoa.it/biglietti-e-card - + 1 €).

City Pass

Si vous prévoyez de rester plus d'une journée, mieux vaut prendre un City Pass à thème : Culture, Edutainment, Tourisme sportif, Gastronomie, Nature, Musique. De 20 à 55 € selon la durée (24h, 48h ou 72h), il inclut l'accès gratuit au réseau de transports publics. Le plus intéressant est sans doute le 72h Edutainment (55 €, comprend l'entrée à l'Acquarium et aux principaux musées de la ville). Achat dans les OT (de préférence le bureau de Via Garibaldi 12r) ou en ligne sur www.genovacitypass.it.

Cinque Terre Trekking Card

Elle donne accès au sentier SVA, ainsi qu'à un certain nombre de services du parc : navettes, visites guidées, ateliers et hot-spots Wifi. Existe avec option train *(voir précédemment)* - 7,50 €/1 j - 14,50 €/2 j - tarifs préférentiels pour les familles - achat dans les centres d'accueil sur place (dans les gares des Cinque Terre et celles de Levanto et La Spezia - 8h30-19h30, 18h l'hiver) ou sur www.parconazionale5terre.it.
Attention, l'accès aux sentiers du parc des Cinque Terre est réservé aux personnes correctement chaussées (type chaussures de randonnée avec semelles sculptées). L'amende peut aller jusqu'à 2 500 €.

Poste

www.poste.it.
Les **timbres** *(francobolli)* sont en vente dans les postes et les bureaux de tabac. Pour une lettre ordinaire jusqu'à 20 g, comptez 0,95 € pour l'Europe et 4 à 5 jours pour arriver à destination. Les **boîtes aux lettres** sont rouges.

Presse

Il Secolo XIX – Quotidien ligure le plus diffusé (www.ilsecoloxix.it).
La Repubblica – Il existe une édition pour Gênes (www.repubblica.it).
Genovatoday – Journal d'information en ligne (www.genovatoday.it).
Pour s'informer sur les films à l'affiche, les spectacles et les expositions, consultez : www.genovateatro.it.

Restauration

« Se restaurer », p. 82 et Gastronomie p. 152.

Horaires

Le déjeuner est servi de 12h30 à 14h30 et le dîner de 19h30/20h à 23h. De nombreux restaurants ferment le lundi, parfois le dimanche. Attention aux éventuelles fermetures annuelles. Les vendredis et samedis soir, il est impératif de réserver. À défaut, arrivez dès 19h30, ou plus tôt.

Addition

Le pain et le couvert *(pane e coperto)* sont généralement ajoutés à l'addition (2-6 € selon l'établissement). En revanche, le service est le plus souvent compris ; dans le cas contraire, vous trouverez le pourcentage (env. 10 %) indiqué dans le menu. On ne vous réclamera pas de pourboire *(mancia)*, mais il est d'usage de laisser quelques euros après un bon repas.
En général, dans les bars et les snacks on paye d'abord sa consommation à la caisse et, ensuite, muni du ticket *(scontrino)*, on peut commander au comptoir auprès du serveur.
Les cartes bancaires sont acceptées partout, même dans les petits restaurants et les trattorias familiales.
Le label **Genova Gourmet**, décerné par la chambre de commerce, signale les établissements valorisant la gastronomie locale. Liste sur : www.genovagourmet.it.

Pour manger sur le pouce...

Afin de tenir votre budget et de gagner du temps, faites comme les Génois : sacrifiez à la *street-food*. Dans le centre historique, vous aurez le choix entre les **snack-bars**, les **paninerie** (choix de *panini*), les **focaccerie** (*focaccia* sous toutes ses formes), les *sciamadde* (*farinate* et tartes salées) et les **friggitorie** (fritures de poissons), très couleur locale. Ces établissements ne sont ouverts qu'en journée. Pensez aussi aux **forni** (les fours), où l'on sert la pizza *al taglio*, (prix au poids), à emporter ou à manger sur place.

Ristoranti, trattorias, osterias, enoteche, pizzerias

Il n'est pas toujours facile de distinguer nettement ces types d'établissements. En règle générale, dans un **restaurant**, vous trouverez un service et une ambiance soignés, voire élégants. Dans une **trattoria**, on vous servira une cuisine plus simple à des prix abordables, dans une atmosphère animée et conviviale. Dans les

trattorias typiques, ne vous étonnez pas si le serveur ou le propriétaire vous énonce à haute voix la liste des plats du jour ; pour éviter toute mauvaise surprise au moment de l'addition, n'hésitez pas à demander un menu ! Le mot **osteria** est devenu un synonyme de *trattoria*, souvent utilisé dans la dénomination de l'établissement pour donner un peu de couleur locale. Rien à voir avec les *osterie* d'antan, où les hommes âgés passaient leur après-midi devant un verre de vin !
Les bars à vin (*enoteche*) sont nombreux en ville. Ils proposent des plats du jour et des en-cas *(stuzzichini)*, et disposent d'une belle gamme de vins servis en bouteille ou au verre.

Un espresso ?

Une institution nationale et un régal pour les amateurs ! Le **café** se prend serré (en Italie, on ne demande pas un espresso, juste un *caffè* ou un *ristretto*, un café très serré). Si vous préférez un café moins fort, demandez dans ce cas un *caffè lungo* qui correspond plus à l'expresso français. Pour un café « noisette », demandez un *macchiato*. Sans oublier le somptueux *cappuccino*, au lait battu en mousse (pour les plus gourmands, demandez-le *« con cacao »*) et le café glacé.

Les boissons

L'eau se consomme peu en carafe (on peut néanmoins demander *acqua del rubinetto*), mais plutôt en bouteille. Si vous ne précisez rien, on vous apportera donc d'office une bouteille d'eau minérale. Vous pouvez spécifier *acqua liscia* (plate) ou *gassata* (gazeuse).

Les **vins** se commandent à la carte ou sont proposés en pichet. Si vous souhaitez moins d'une bouteille, demandez *un calice* (un verre), ou du vin *in caraffa*, du *vino sfuso*, en précisant *un quartino* (un quart) ou *mezzo litro* (un demi-litre), ou encore le *vino della casa* (la cuvée du patron).
La **bière** est servie soit en bouteille, soit à la pression *(alla spina)* ; principaux brasseurs italiens : Moretti, Forst, Menabrea et Peroni *(Nastro Azzurro)*.

Santé

Pour une assistance médicale en Italie au même coût que dans leur pays d'origine, les citoyens de l'UE doivent se procurer la **carte européenne d'assurance maladie** auprès de leur organisme d'assurance maladie - www.ameli.fr.

Médecins et hôpitaux

℘ **112** – Urgences médicales.
Guardia Medica Pubblica – ℘ 800 893 580. Assistance gratuite d'un médecin à tout moment.
Croce Bianca Genovese – ℘ 010 36 36 36 - www.crocebianca.it.
Ospedale San Martino – Via Francesco Saverio Mosso- ℘ 010 55 51.

Savoir-vivre

Les Italiens sont assez pointilleux sur la politesse. En entrant et en sortant d'un café, d'une boutique ou d'un restaurant, un *buongiorno* (bonjour) ou un *buonasera* (bonsoir) s'imposent. Évitez de visiter une église dans une tenue trop négligée. En revanche, aucun *dress code* n'est exigé dans les restaurants.

Tabac

Il est interdit de fumer dans tous les lieux publics, restaurants, bars et discothèques d'Italie. Cette interdiction vaut aussi dans les hôtels ; certains établissements proposent cependant des chambres fumeurs. On trouve des distributeurs et des bureaux de tabac, signalés par un panonceau à T blanc sur fond noir.

Taxi

Radiotaxi – ✆ 010 89 333, ✆ 010 59 66 ou 010 77 277. La prise en charge est de 4,5 € (7 € dim. et j. fériés ; 9,50 € de 22h à 6h). De l'aéroport, comptez 25 € (30 € à partir de 5 pers.) et 2 € suppl. après 22h et les j. fériés.

« Arriver à Gênes », p. 3.

Téléphone

Appels internationaux

Appels vers l'Italie – Composez le 00 + 39 + numéro de votre correspondant, avec le zéro pour les fixes et sans le zéro pour les portables. Les numéros de mobiles commencent par 3.

Appels depuis l'Italie :

– vers la France : 00 + 33 + le n° du correspondant sans le 0 initial ;
– vers la Belgique : 00 + 32 + n° de la zone sans le 0 + n° du correspondant ;
– vers le Luxembourg : 00 + 352 + n° de la zone sans le 0 + n° du correspondant ;
– vers la Suisse : 00 + 41 + n° de la zone sans le 0 + n° du correspondant ;
– vers le Canada : 00 + 1 + n° de la province + n° du correspondant.

Appels nationaux

Dans la ville de Gênes : 010 + n° du correspondant.
Vers une autre ville : indicatif commençant par 0 + n° du correspondant. Attention : pour les portables, numérotation sans 0 initial.

Renseignements

Consultez www.paginebianche.it (pages blanches) ou www.paginegialle.it (pages jaunes).

Roaming international

Depuis juin 2017, les frais d'itinérance n'existent plus au sein de l'Union européenne. Ainsi, un Européen en déplacement dans un autre pays membre de l'Union ne paie aucun surcoût sur ses appels, ses SMS et sa connexion Internet.

Transports en commun

Au dos du plan détachable.
L'ensemble du réseau, comprenant métro, bus, ligne de bateau (Navebus), funiculaires et ascenseurs, est exploité par l'**AMT** (Azienda Mobilità e Transporti) - www.amt.genova.it.

Tarifs

Les billets, valables sur l'ensemble du réseau, s'achètent aux distributeurs automatiques des stations de métro, des funiculaires et des ascenseurs, dans les kiosques, les bureaux de tabac, ainsi que dans les bureaux d'informations (IAT).

Billet simple : 1,50 € (2,50 € acheté à bord d'un bus) ; 1,60 € *biglietto integrato* (avec trajet urbain en train) ; validité 100mn après compostage.

Genova Pass : 4,50 € (utilisable à volonté pdt 24h) ; 9 € pour 4 pers.

Aller simple ascenseurs et funiculaires : 0,90 € ; 3 € pour un carnet de 4.
Billet Volabus pour l'aéroport : 6 € aller simple - pour 3 pers. : 13 €.

Bus

De très nombreuses lignes permettent d'aller partout. On peut télécharger l'application AMT Mobile sur son smartphone (Android et iPhone) ou se connecter sur : www.amt.genova.it. Plusieurs lignes sont en service dès 4h30, mais la plupart s'interrompent après 20h30. Les bus numérotés à partir de 600 circulent en soirée jusqu'aux alentours de 1h.

Métro

Traversant la ville d'ouest en est, l'unique ligne de métro permet de relier rapidement la gare Genova Piazza Principe à la gare Genova Brignole, *via* Porto Antico et la Piazza De Ferrari. Les rames circulent de 5h à 21h, dim. de 6h à 21h.

Ascenseurs et funiculaires

Les ascenseurs et les funiculaires qui desservent la partie la plus touristique de la ville sont :
Ascensore Castelletto Levante (de la Piazza Portello à la Spianata Castelletto) - 6h40-0h.
Ascensore Castello Ponente (de la Galleria Garibaldi à la Spianata Castelletto) - 6h40-0h.
Ascensore Castello D'Albertis - Montegalletto (de Via Balbi, près de la gare Genova Piazza Principe au Corso Dogali) - 7h-20h (dim. 21h).
Ascensore Piazza Manin (de Piazza Manin à la Via Contardo) - 6h-0h, dim. 7h20-0h.
Ascensore Ponte Monumentale (de Via XX Settembre au Corso Podestà) - 6h25-21h40, dim. 8h-20h30.
Ascensore Via Crocco (du Corso Magenta à la Via Crocco) - 6h55-0h40.
Funicolare di Sant'Anna (de la Piazza Portello à la Via Bertani) - 7h-0h30.
Funicolare Zecca-Righi (du Largo Zecca à la Via Mura delle Chiappe) - 6h40-0h.

Navebus

Pour 4 € (achat au guichet près de l'Acquario), le bateau Navebus relie le Porto Antico à Pegli, au-delà de Sestri Ponente, avec à la clé, la découverte des installations portuaires et de vues inédites sur la ville. Horaires sur : www.amt.genova.it/amt/trasporto-multimodale/navebus/.

Trains pittoresques

Ferrovia a cremagliera di Granarolo - 6h-0h, dim. 8h-21h. L'un des premiers trains à crémaillère d'Italie (il a été ouvert en 1901), il relie la gare de Principe à la colline de Granarolo. Parfait pour aller à la Torre Granarolo, au Forte Tenaglia et au Forte della Crocetta.
Ferrovia Genova-Casella - Promenade (1h) à bord du *trenino di Casella,* un tortillard des années 1920 *p. 51*. Dép. Piazza Manin - 010 55 82 414 - www.ferroviagenovacasella.it.

Visites

Les Rolli Days

Une trentaine de palais des Rolli ouvrent exceptionnellement leurs portes au public deux week-ends par an, généralement au printemps (avril ou mai) et à l'automne (octobre).

Les dates exactes variant tous les ans, il faut guetter leur parution sur le site www visitgenoa.it/eventi et www.visitgenoa.it/rollidays-online/. Attention réservation obligatoire sur le site. L'entrée dans les palais est gratuite. Pour être sûr d'avoir un guide disponible, réservez-le longtemps à l'avance, même avant de connaître les dates exactes de l'évènement (voir ci-dessous).

Visites guidées

Pour un panorama complet des excursions et des visites proposées par l'office du tourisme de la ville, consultez le site internet : **www. visitgenoa.it/fr/**escursioni.

Guides touristiques en français : voir la liste sur https://www.visitgenoa.it/guide-turistiche-lingua-francese

Genova Experience – Via San Lorenzo, 61 r - ✆ 010 0995560 et 347 6073428 -www.exploratour.it. Propose un très grand choix de visites guidées à thème. Pour une visite en français, il est indispensable de réserver avec 3 jours d'avance.

Itinéraires balisés

La ville de Gênes a dessiné dans les rues quatre itinéraires piétonniers identifiés par une couleur. Chacun est ponctué de panneaux munis d'un code QR pour obtenir toutes les informations sur les sites repères.

Les palais des Rolli – Rouge. Il mène aux 40 résidences des vieilles familles aristocratiques génoises. Le parcours longe les rues du centre historique, en passant bien sûr par la Via Garibaldi.

Au cœur de la Superbe – Vert. Il se perd au cœur des *caruggi* : Vico de San Matteo, rue de la Maddalena, la loggia des Banchi jusqu'à Piazza Caricamento.

La ville médiévale – Orange. Il conduit aux palais San Giorgio, Campo Pisano, Piazza Matteotti, Via San Lorenzo et à la loggia di Banchi.

La route des chevaliers – Bleu. L'itinéraire part de la gare maritime et rejoint le palais Francesco Grimaldi, la Piazza di Pellicceria en passant par la Villa del Principe, la Commenda di Prè, les Truogoli di Santa Brigida.

Voyager dans la région

En train

Au départ de Gênes (Piazza Principe et Brignole) : trains toutes les heures pour La Spezia, *via* les localités des Cinque Terre et pour Camogli (promontoire de Portofino) et Sestri Levante (Golfo del Tigullio).

Cinque Terre Treno MS Card – www. parconazionale5terre.it - 18,20 €/j (14,80 € hors sais.) ou 33 €/2 j (26,50 € hors sais.) - tarifs préférentiels pour les familles. Outre les services de la Cinque Terre Trekking Card (*voir p. 122*), cette carte permet un accès gratuit et illimité aux trains régionaux Levanto-La Spezia avec arrêt à chaque village. C'est la façon la plus pratique de visiter les Cinque Terre. Achat dans les gares desservies (8h30-19h30, 18h en hiver) ou sur le site Internet.

En bateau

Consorzio Marittimo Turistico 5 Terre-Golfo dei Poeti – ✆ 0187 732 987 - www. navigazionegolfo deipoeti.it. Liaisons vers les Cinque Terre depuis La Spezia, Lerici,

ellobo1/Getty Images Plus

Randonnée dans les Cinque Terre.

Portovenere, Levanto. Vérifiez les conditions météo avant d'embarquer.
Golfo Paradiso – ✆ 0185 77 20 91 - www.golfoparadiso.it. Navigation dans le Golfo Paradiso (Camogli, San Fruttuoso, Portofino, Cinque Terre) au départ de Gênes et Portovenere.
Servizio Marittimo del Tigullio – ✆ 0185 284 670 - www.traghettiportofino.it. Liaisons entre Santa Margherita LIgure et Portofino, San Fruttuoso, Rapallo, les Cinque Terre et Portovenere.

À vélo

Ciclomania – *Via Luigi Bozzo, 22 - Santa Margherita Ligure - ✆ 0185 28 35 30 - www.ciclomania-liguria.it - 8h30-12h30, 15h30-19h - fermé dim.* Pour aller à Portofino sans se soucier des embouteillages et du parking. Comptez 10 €/j pour un vélo de ville, 35 €/j pour un vélo électrique.

En bus

La société ATP Esercizio dessert les principales destinations de la Riviera di Levante. Très pratique pour éviter les problèmes de parking en particulier à Portofino. Vers Portofino, au départ de Santa Margherita Ligure, Rapallo et Camogli, prenez le 82. *www.atpesercizio.it.*

Agenda culturel

Pour tout savoir sur les manifestations se déroulant pendant votre séjour, consultez, sur le site Internet www.visitgenoa.it, les rubriques « Événements et culture à Gênes » puis, **Événements**.

Expositions temporaires

Les plus prestigieuses se tiennent au Palazzo Ducale, au Castello d'Albertis, au Palazzo della Meridiana et au musée d'Art Contemporain de Villa Croce.
« Presse », p. 123.

Rendez-vous annuels

Aux *sagre*, célébrant les diverses facettes de la gastronomie locale, s'ajoutent les nombreuses fêtes de saints, comme **Sant'Agata** (5 fév.), **San Giuseppe** (19 mars), patron des artisans, ou **Sant'Antonio** (14 juin) à Boccadasse.

Janvier

▶**Antiqua Genova** – *Fin. janv.* Grand marché d'antiquités à la Fiera di Genova - www.antiquagenova.it.

Février

▶**Arte Genova** – *Mi-fév.* Foire d'art contemporain à la Fiera di Genova - www.artegenova.com.

Mars

▶**Genova Pesto World Championship** – *Mi-mars.* Au Palazzo Ducale, 100 cuisiniers professionnels ou amateurs venus du monde entier en lice pour le trophée du meilleur *pesto* de Gênes. Avec Children's Championship, réservé aux 5-10 ans ! www.pestochampionship.it.

Avril/Mai

▶**Rolli Days** – Ouverture exceptionnelle de la plupart des palais des Rolli - www.visitgenoa.it (rubrique « Événements »).

▶**La Mezza di Genova** – Le semi-marathon parcourt toute la ville jusqu'à Boccadasse - www.lamezzadigenova.it.

Mai

▶**Sagra del Pesce** – *2e dim. à Camogli.* Depuis 1952, jour de la San Fortunato, patrons des pêcheurs, la Piazza Colombo embaume de l'odeur de friture de poissons. Procession, bénédictions et marché gastronomique - www.camogliturismo.it.

▶**Slow Fish** – *Mi-mai.* Sur la Piazza Caricamento, festival gastronomique attirant une centaine d'exposants de divers secteurs en l'honneur du poisson et de la *slow food*. Avec ateliers de dégustation de grands chefs italiens - slowfish.slowfood.it.

▶**Festa della Focacccia di Recco** – *Av.-dernier dim. à Recco.* Distribution gratuite de *focaccia* et manifestations sportives - www.focacciadirecco.it.

Juin

▶**San Giovanni Battista** – *23-24 juin.* La ville en liesse fête son saint patron. La grande procession des confréries entre la cathédrale et Porto Antico, suivie d'une bénédiction de la mer par le cardinal de Gênes, est le clou des festivités.

▶**San Pietro** – *Dernier w.-end.* Fête en l'honneur du « saint pêcheur ». Le *Palio marinaro genovese di San Pietro*, une course de bateaux manœuvrés par un barreur et quatre rameurs, oppose les différents quartiers de la ville.

▶**Regata delle Antiche Repubbliche Marinare** – Tous les 4 ans, prochaine édition en 2026. Course de galères entre les anciennes Républiques maritimes (Gênes, Pise, Venise et Amalfi). Avec défilé en costume médiéval. www.repubblichemarinare.org.

Juillet-août

▶**Porto Antico Estate Spettacolo** – Le cadre formidable du Porto Antico accueille des concerts de musique de tous les genres et des spectacles de danse et théâtre.

▶**Fuochi di Rapallo** – *1-3 juil.* Concours de feux d'artifice en l'honneur de Nostra Signora di Montallegro, la patronne de Rapallo, qui se termine par le célèbre et très évocateur « incendio del castello ».

▶**Festa del Cristo degi Abissi** – *Dernier sam. soir juil., à San Fruttuoso.* Une procession jusqu'au Christ des abysses, en bateau, commémore les personnes qui ont péri en mer.

▶**Festa Stella Maris** – *1er dim. d'août à Camogli.* Défilé de bateaux d'époque dont le célèbre U Dragun, qui symbolise la tradition maritime du village. Messe à Punta Chiappa, régates et jeux nautiques, avant le lâcher de centaines de lumignons dans la mer à la tombée de la nuit.

▶**Festa della Madonna Bianca** – *17 août à Portovenere.* Des milliers de chandelles dessinent le chemin de la procession nocturne de la Vierge à partir du Duomo jusqu'à la chapelle de San Pietro. Un spectacle magique.

Septembre -octobre

▶**Rolli Days** – Ouverture exceptionnelle de la plupart des palais des Rolli. Vérifiez les dates précises sur le site Internet : www.visitgenoa.it.

▶**Salone Nautico Internazionale** – À la Fiera di Genova, plus important salon nautique de Méditerranée. Vérifiez les dates sur le site Internet - www.salonenautico.com.

▶**Celebrazioni Colombiane** – *2e et 3e sem. d'oct.* Nombreuses manifestations en l'honneur du plus illustre enfant de la ville et de la découverte de l'Amérique.

▶**Festival della Scienza** – Rencontres, expérimentations ludiques, spectacles et conférences pour tous types de public - www.festivalscienza.it.

Décembre

▶**Confeugo** – *Samedi avant Noël.* Devant le Palazzo Ducale, en présence d'habitants costumés, le représentant du peuple offre au maire un tronc de laurier couvert de rameaux, qui est ensuite brûlé sur la place. Cette cérémonie de vœux, remontant au moins au 14e s., symbolise l'union entre le peuple de Gênes et la République, jadis incarnée par le doge.

POUR EN SAVOIR PLUS

Palazzo Tobia Pallavicino, Via Garibaldi, Gênes.
M. Carassale/Sime/Photononstop

Un port international

Gloire et décadence

Pendant longtemps, le port de Gênes n'est qu'une simple crique à l'abri du promontoire du Molo Vecchio. Son développement débute au Moyen Âge, sous l'impulsion de grandes familles (Grimaldi, Spinola et Cattaneo), qui financent la construction de quais en bois pour charger et décharger plus facilement les navires. Avec l'essor constant du trafic maritime à partir du 12e s., Gênes devient une plaque tournante entre la Méditerranée et la mer du Nord. Épices, soieries et denrées précieuses provenant du monde islamique sont débarquées à la Ripa, actuelle **Via Sottoripa**, qui donne alors directement sur la mer. Les marchandises sont stockées dans les boutiques bordant les arcades bruissantes d'activité, ou repartent vers l'Espagne, l'Angleterre ou Anvers. Du 13e au 15e s. arrivent aussi à Gênes des esclaves venus de mer Noire, souvent des femmes destinées à servir de domestiques à l'aristocratie.

Au 16e s., à l'apogée du trafic au long cours, de 50 à plus d'une centaine de navires jaugeant 1000 t accostent chaque année à Gênes. À cela s'ajoutent autour de 2000 bateaux de plus petites dimensions, sans compter ceux transportant du blé !

Le port décline quand Gênes perd ses comptoirs en mer Noire. Le phénomène s'accélère au 16e s. et au 17e s. Affaiblie par l'occupation étrangère, l'activité marchande est délaissée par l'aristocratie, qui s'oriente vers la finance. Le bombardement français de 1684, qui détruit les infrastructures portuaires, sonne comme la fin d'une époque.

Renouveau industriel

Vers 1850, profitant des subventions de l'État, le comte Camillo Benso di Cavour et le marquis **Raffaele De Ferrari** modernisent les installations portuaires. Objectif : concurrencer Marseille. Houille, métaux, blé, viande, laine et coton investissent hangars et magasins. Reliée par le chemin de fer vers le milieu du 19e s., Gênes bénéficie de la création du canal de Suez et devient un élément essentiel du triangle industriel qu'elle forme avec Milan et Turin. Des industries lourdes s'installent, notamment la sidérurgie, à l'origine de l'essor de la construction navale au début du 20e s. et d'une importante production d'armement. Lourdement bombardé par les Anglais en 1941, le port se relève au lendemain de la guerre. Relié au réseau ferré et aux tunnels suisses, il passe par le débouché naturel de la Confédération helvétique et communique avec Rotterdam *via* le couloir rhénan.

Après une nouvelle crise dans les années 1970, le trafic de conteneurs, secteur en plein essor, est privilégié. L'année 1992 est marquée par la réhabilitation du **Porto Antico** par Renzo Piano (*« Urbanisme et architecture », p. 143*).

Le port en chiffres

- Classement : 6ᵉ port de Méditerranée pour le transport de marchandises, derrière Algésiras, Marseille, Valence, Barcelone et Trieste.
- Trafic : 50 millions de t/an.
- Conteneurs : 2,5 millions d'EVP (1 conteneur de 20 pieds – 1 EVP), dont près de 50 % au terminal de Voltri.
- Transporteurs : 60 % européens, 18 % asiatiques.
- Trafic passagers : plus de 3 millions de voyageurs font escale à Gênes chaque année.
- Liaisons par ferries : Sardaigne, Corse, Sicile, Barcelone, Tunisie et Tanger.
- Croisiéristes : 1,6 million/an.
- Emplois directs, indirects et induits : 54 000 emplois, en incluant les activités logistiques, soit 12 à 13 % des emplois locaux.

Le port aujourd'hui

Plus vaste port d'Italie après Trieste, doté de 22 km de quais, il s'étire sur une trentaine de kilomètres et occupe une superficie terrestre et marine d'environ 1200 ha. La zone située à l'est des bassins de plaisance du Porto Antico se consacre surtout à la réparation navale. Côté ouest, à la **Stazione Marittima**, achevée en 1930, et aux quais où accostent les paquebots de croisière, se succèdent, jusqu'à la Lanterna, les terminaux des différentes compagnies de **ferries**. Le port prend un visage franchement industriel au terminal du Southern European Container Hub (SECH) et au bassin de Sampierdarena, entre la Lanterna et la rivière Polcevera, à l'ouest du centre. Le bassin de Sestri Ponente, près de l'aéroport, abrite un terminal pétrolier et un port de plaisance. Enfin, très loin vers l'ouest, le terminal de Voltri, inauguré en 1992, assure l'essentiel du trafic de conteneurs. Le *Costa Concordia*, échoué sur l'île du Giglio en janvier 2012 et acheminé jusqu'à Gênes par des remorqueurs, y a été démantelé en 2015.

Les défis pour demain

Le port de Gênes souffre de son enclavement entre mer et montagne, handicap difficilement surmontable dans la redoutable concurrence que se livrent les ports européens. Le réseau routier, emprunté chaque jour par 3600 camions, est saturé. Après le projet de création d'un « port sec » dans le Piémont, relié par voie ferrée, la construction d'une nouvelle digue sur le bassin de Sampierdarena a été décidée. Elle accueillera des porte-conteneurs géants de dernière génération. Soucieuse de tirer son épingle du jeu en Méditerranée, Gênes mise par ailleurs sur la diversification en ouvrant de nouvelles routes commerciales en direction du Maghreb, en particulier vers la Libye (Khoms) et l'Algérie (Oran).

Les dates-clés

Les origines

Vers 2000 av. J.-C. – Premières traces des Ligures, dont la présence s'étend du Tibre à la vallée du Rhône et jusqu'en Espagne.
6e s. av. J.-C. – Une nécropole atteste l'occupation par les Grecs de Stalia, l'antique port de Gênes.
4e s. av. J.-C. – Invasion des Celtes. Les Ligures se replient sur les pentes orientales des Alpes, le versant méridional des Apennins et la côte génoise.
3e s. av. J.-C. – La colline de Sarzano, actuel quartier de Castello, constitue le premier noyau urbain de Gênes.

3e-2e s. av. J.-C. – Les Ligures se divisent pendant les guerres puniques, certains soutenant Rome, d'autres Carthage. Stalia prend le parti de Rome et le nom de Genua.
1er s. av. J.-C. – 1er s. ap. J.-C. – La région ligure est enfin pacifiée. Le port de Genua devient florissant.
500-900 – Gênes passe successivement sous la domination des Ostrogoths, des Byzantins, des Lombards et des Carolingiens.

La République maritime

11e s. – Gênes s'allie à Pise pour lutter contre les Sarrasins qui ravagent la côte ligure.
1096-1099 – Participation à la **1re croisade**, prélude à la naissance de l'empire marchand génois.
1099 – Instauration de la « Commune » de Gênes, qui bat monnaie à partir de 1139.
1118 – Consécration de la **cathédrale San Lorenzo**.
12e-13e s. – Premier âge d'or génois.
1261 – Traité de Nymphée avec l'empereur byzantin Michel VIII Paléologue. Les Génois, installés dans le quartier de Galata, à Constantinople, verrouillent le détroit du Bosphore et l'accès à la mer Noire.
1284 – Bataille navale de la Meloria : Gênes élimine sa rivale, la République maritime de Pise, et assoit son autorité sur la Corse et la Sardaigne.
1298 – Bataille navale de Curzola contre Venise : Gênes affermit sa suprématie en mer Noire et étend son influence en Méditerranée orientale.
1339 – Simone Boccanegra est le premier doge de Gênes.
1378-1381 – Guerre de Chioggia entre Gênes et Venise.
14e-15e s. – Luttes intestines et dominations étrangères (Sforza, Visconti et France).
1407 – La fondation du Banco di San Giorgio, premier organisme de crédit en Europe, précipite la bancarisation de l'économie génoise.
1451 – Naissance du Génois **Christophe Colomb**.
1453 – Prise de Constantinople par les Ottomans : Gênes perd ses avantages commerciaux en mer Noire.

Le Siècle d'or génois

1528 – L'amiral **Andrea Doria** restaure l'indépendance de la ville et s'allie à l'Espagne de Charles Quint. Début du Siècle d'or (Siglo de Oro) génois.

1566 – Perte de l'île de Chios.
1576 – Création des **Rolli**.
1620-1630 – Fin de l'âge d'or du capitalisme génois.

Le déclin

1684 – Bombardements par la flotte de Louis XIV.
17e s. – Guerres contre la Savoie.
1747 – Révolte contre l'occupant autrichien menée par l'enfant Balilla.
1768 – Traité de Versailles : Gênes cède la Corse à la France.
1795 – Élection de Giacomo Maria Brignole, dernier doge de Gênes.
1797-1805 – Napoléon crée la République ligurienne, avant d'annexer son territoire.
1815 – Gênes et sa région dépendent du royaume de Savoie de Victor-Emmanuel Ier.

L'industrialisation

1850 – Début de la modernisation du port. Sampierdarena, à l'ouest du centre historique, va bientôt s'imposer comme l'un des plus grands centres industriels d'Italie.
1860 – **Garibaldi** et ses mille Chemises rouges embarquent de Gênes (Quarto) pour la Sicile, prélude à l'unification de l'Italie.
1861 – Gênes est intégrée au royaume d'Italie de Victor-Emmanuel II. Développement de l'industrie navale, mécanique et sidérurgique.
1926 – Mussolini crée la « Grande Genova », qui s'étend de Nervi à Voltri.

La sixième ville italienne

1940-1941 – Bombardements du port par les Alliés.
1950-1960 – Arrivée d'immigrants du Mezzogiorno.
1980-2000 – Vagues d'émigration en provenance des Philippines, d'Amérique du Sud, du Maroc, d'Albanie et d'Afrique subsaharienne.
1992 – **Rénovation du Porto Antico** par Renzo Piano pour les Colombiades, 500e anniversaire de la découverte de l'Amérique.
2001 – Sommet du G8. Les émeutes urbaines font un mort.
2004 – Gênes, Capitale européenne de la culture.
2006 – Inscription des palais des **Rolli** et de la **Via Garibaldi** au Patrimoine mondial de l'Unesco.
2011 – Des pluies entraînent des dégâts considérables dans le centre historique et la région de Gênes.
2012 – Élections municipales. Marco Doria (gauche), descendant de l'illustre famille, est élu triomphalement.
2013 – Un porte-conteneur provoque l'effondrement de la tour de contrôle du port : 7 morts.
2017 – Élections municipales. Marco Bucci, le candidat soutenu par Forza Italia et la Ligue du Nord, est élu maire de la ville.
2018 – Le 14 août, deux travées du pont Morandi sur l'autoroute A 10 s'effondrent soudainement, faisant 43 victimes.
2020 - Inauguration, le 3 août, du pont San Giorgio, conçu par l'architecte Renzo Piano, moins de deux ans après l'effondrement du pont Morandi.

La Superba

Aux origines

La région de Gênes doit son nom aux **Ligures**, considérés par les Grecs comme l'un des grands peuples barbares. Dépourvues d'écriture, ces tribus indo-européennes restent seulement connues par les écrits de géographes grecs et romains. Leur origine remonterait à environ 2000 av. J.-C.

Les Ligures, essentiellement chasseurs, auraient occupé dans des temps très anciens un vaste territoire allant du Latium au Piémont jusqu'au Massif central et au Languedoc, voire au-delà sur le littoral de la péninsule Ibérique. Ils auraient ensuite été d'abord repoussés d'Italie centrale par les Étrusques et les Grecs, puis de la vallée du Rhône par les Celtes, avant de fusionner avec ces derniers. Vers le 4e s. av. J.-C., deux siècles après la fondation de Marseille (v. 600 av. J.-C.) par les Phocéens, le territoire des Liguriens se limitait à une région aux frontières mouvantes, allant du sud des Alpes françaises et italiennes au nord-ouest des Apennins, c'est-à-dire globalement à l'actuelle Ligurie.

Une romanisation à marche forcée

Les Liguriens semblent avoir entretenu de bonnes relations avec les colons grecs installés sur le rivage méditerranéen. Pendant la deuxième guerre punique (218-202 av. J.-C.), Gênes, l'ancienne Stalia, fait alliance avec Rome et devient une base navale essentielle de la flotte romaine, ce qui lui vaut d'être rasée en 205 av. J.-C. par Magon Barca, frère cadet d'Hannibal. Si Stalia se donne à Rome, les Liguriens opposent une résistance opiniâtre à leur romanisation au cours du 2e s. av. J.-C. Alors que nombre d'entre eux s'étaient enrôlés dans l'armée carthaginoise, leurs descendants résistent aux troupes romaines. Mobiles, rapides, pratiquant l'embuscade et évoluant dans un milieu montagneux difficile, ils mènent la vie dure aux Romains qui se livrent à de violentes répressions et à des déportations massives. Des populations entières sont réduites à l'esclavage.

L'orgueilleuse

La Ligurie n'est totalement pacifiée que sous le règne d'Auguste. Gênes est alors au carrefour de plusieurs axes essentiels : à celui, ancien, la reliant à Piacenza, s'ajoutent la route longeant le littoral jusqu'en Gaule et à Tarragone, en Espagne, et celle qui traverse la plaine du Pô et atteint le port d'Aquilée, sur l'Adriatique.

La cité devient opulente grâce à son port, par lequel transitent surtout du bois et des peaux.

L'essor de la République maritime de Gênes

Frappée par les invasions barbares au 5e s., Gênes passe sous domination

byzantine (538-643), puis lombarde (643-774), et enfin carolingienne jusqu'au 9e s. Au siècle suivant, les richesses de la cité et de ses églises attirent la convoitise des Sarrasins, qui mènent des raids sur la côte ligure. En 934-935, Gênes est pillée et brûlée. Femmes et enfants sont emmenés en captivité. L'événement semble avoir constitué une sorte d'électrochoc.
En 1016, par militantisme religieux autant que pour préserver ses intérêts propres et la sécurité de ses navires en Méditerranée, Gênes s'allie à Pise afin de lutter plus efficacement contre les Maures et les chasser de Sardaigne et de Corse. L'entente entre les deux cités rivales et ennemies est de courte durée : dès 1060 commence une lutte acharnée qui durera plus de deux siècles.
En 1097, Gênes prend une part active dans la première **croisade**. Ses navires transportent les croisés jusqu'en Terre sainte. Ses arbalétriers, dont l'adresse est réputée dans tout l'Occident, font merveille lors de la prise d'Antioche et de Jérusalem. La croisade donne aux Génois l'occasion de tisser des liens étroits avec le Levant : cet ancrage en Orient sera précieux par la suite.
C'est en 1099, date de l'instauration de la commune de Gênes, qu'à l'instar d'Amalfi et de Pise – cités autonomes frappant monnaie et détentrices d'une flotte importante ainsi que d'un trafic commercial intense soutenu par un réseau de colonies en Méditerranée –, la ville se constitue en République maritime (Venise ne sautera le pas qu'au milieu du 12e s.). La cité est désormais dirigée par un nombre variable de consuls, élus parmi les grandes familles par un Parlement composé de tous les citoyens masculins âgés de 16 à 70 ans.

Vers la suprématie en Méditerranée

Aux 12e et 13e s., Gênes ne cesse d'affirmer sa puissance en Méditerranée, notamment grâce au commerce des épices, de la soie et de l'alun. Indispensable pour la teinture, le minéral est embarqué sur les bateaux génois à Alexandrie, puis à Phocée, en Asie Mineure. Bien implantée en Sicile, Gênes profite aussi des prises de ses corsaires, qui rançonnent les navires arabes.
En 1261, la République maritime met sa flotte au service de l'empereur Michel VIII Paléologue dans sa reconquête de Constantinople sur les croisés et les Vénitiens. En récompense, le traité de Nymphée l'élève au rang de principal partenaire commercial des Byzantins. Ainsi débute la mainmise génoise en mer Noire, sur les rives de laquelle elle établit de nombreux comptoirs.
Une vingtaine d'années plus tard, en 1284, elle anéantit la flotte pisane à la bataille navale de la Meloria : Pise ne s'en relèvera pas. Gênes s'empare de Livourne, de la Corse et de la Sardaigne. Maîtresse en mer Tyrrhénienne, elle n'a plus qu'une seule concurrente en Méditerranée, la République maritime de Venise, qu'elle vainc en 1298 à la bataille navale de Curzola. Cette victoire sur la Sérénissime assoit encore un peu plus son autorité en Méditerranée

orientale. Mais Venise ne tarde pas à se redresser et un phénomène de balancier s'instaure jusqu'au 16e s. : Gênes va profiter des moments de déclin de Venise, et cette dernière de ses périodes de faiblesse.

La reine des mers

La puissance de Gênes repose sur sa flotte, sur ses familles d'armateurs et sur les rapides progrès de la construction navale. Le transport de l'alun, matériau de faible valeur, impose d'armer des bateaux de plus en plus gros pour être rentable. De même, la navigation au long cours jusqu'en mer Noire réclame elle aussi un accroissement des tonnages.
Les bateaux de petites dimensions, comme les galées du 14e s. jaugeant une centaine de tonnes, sont réservés au siècle suivant aux transports courts – bois ou blé.
Au 15e s., les caraques génoises approchent les 1000 tonnes, voire les dépassent. À bord de ces navires plus aptes à se défendre en cas d'attaque sont embarquées des marchandises de grande valeur – vins des îles du Levant, épices, tissus précieux, ainsi que des esclaves à partir de sa colonie de Caffa (Théodosie), en Crimée.
Les Génois surclassent leurs concurrents en amplifiant la voile latine. Leurs navires voguent plus rapidement vers l'ouest, soumis au vent d'est, le Levant, et au mistral. Ils passent plus facilement le détroit de Gibraltar pour livrer en Europe du Nord. Des années 1450 au milieu du 16e s., Gênes règne ainsi sur les marchés anglais et flamands.

Troubles politiques

La réussite économique de Gênes s'inscrit dans un contexte politique extrêmement troublé opposant les familles de marchands à l'aristocratie. En 1262, le chef du parti démocratique Guglielmo Boccanegra, issu d'une grande famille plébéienne de Gênes, est déposé après cinq années comme podestat « capitaine du peuple ».
L'histoire de la ville est émaillée de luttes intestines, conspirations, et agitée par les conflits entre guelfes, menés par les Grimaldi et les Fieschi, et gibelins auxquels appartiennent les familles des Doria et des Spinola.
Simone Boccanegra, neveu de Guglielmo, devient le premier doge de Gênes en 1339, fonction qui va perdurer jusqu'à la fin du 18e s. Il meurt empoisonné en 1362, après s'être longtemps opposé aux grandes familles aristocrates. Théoriquement élus à vie et non nobles, les doges sont souvent déposés. Des puissances étrangères, comme la France ou le duché de Milan, profitent de la confusion pour établir leur domination sur Gênes qui perd son indépendance au 15e s. Vient ensuite la conquête de Constantinople par les Ottomans, en 1453, qui va bientôt priver la République maritime de ses précieux comptoirs en mer Noire. Ses revenus en Méditerranée orientale diminuent considérablement.

Le Siècle d'or de Gênes

Au début du 16e s., la ville est alternativement occupée par François Ier et Charles Quint. En 1528, après avoir commandé la flotte du

roi français, l'amiral **Andrea Doria** change de camp et fait alliance avec l'empereur Habsbourg. En échange du soutien financier de Gênes et de son intégration au système économique du royaume d'Espagne, il obtient l'indépendance de la ville. La République, dirigée par des factions représentant les grandes familles, devient oligarchique ou aristocratique. Le doge est élu pour deux ans. Ayant perdu leur hégémonie sur les mers et la précieuse colonie de Chios, abandonnée en 1566 aux Ottomans, les Génois délèguent une part de leur activité en mer Tyrrhénienne aux Ragusains. Les marins dalmates transportent le blé ou le sel siciliens. Ils assurent aussi les liens commerciaux avec l'Espagne, l'Atlantique ou le Levant. Peu à peu, les Génois se désengagent du commerce et de l'armement de navires pour se transformer en financiers et en prêteurs au service de l'Espagne, dont la politique expansionniste réclame beaucoup d'argent frais. En retour, ils accaparent l'exportation du métal blanc et de l'or des Amériques qui affluent à Séville ou à Cadix. Ainsi débute le « Siglo de Oro » génois, qui s'étend de 1550 à 1650 et dont le plus beau témoignage reste la ribambelle de palais bordant la **Strada Nuova** (Via Garibaldi). L'argent des Amériques alimente le Banco di San Giorgio, fondé en 1407, premier organisme de crédit en Europe et véritable État dans l'État. La banque administre directement certains territoires génois comme la Riviera. Son pouvoir considérable se confond avec celui du gouvernement de la République. Il la supplante même dans une certaine mesure après une conjuration en 1547, justifiant la formule de Michelet selon laquelle Gênes est « une banque avant d'être une ville ». La puissance du capitalisme génois s'affermit encore un peu plus après 1579, date du transfert des foires dites « de Besançon » à Piacenza, non loin de Gênes. Attirant désormais les plus grands négociants européens, Gênes est devenue la première place mondiale de la finance et le cœur économique de l'Occident.

La fin de la République

L'effondrement n'en sera que plus brutal. En 1627, confrontée à une nouvelle banqueroute, l'Espagne fait appel à de nouveaux bailleurs de fonds, les nouveaux chrétiens portugais, qu'elle juge plus dynamiques. L'Espagne de Philippe IV entre par ailleurs dans la spirale du déclin face aux puissances que sont devenus les Pays-Bas, l'Angleterre et plus tard la France. En 1684, Louis XIV exerce des représailles sur Gênes, qui a fourni des galères à l'Espagne, en bombardant son port. La ville est plus tard occupée par les Autrichiens, contre lesquels elle se révolte en 1747, commandée par un jeune garçon du peuple surnommé Balilla. La République maritime survivra jusqu'à l'époque napoléonienne. Elle sera annexée par la France en 1805.

Urbanisme et architecture

Genua antique

Gênes serait née entre le 7e et le 5e s. av. J.-C. La cité préromaine, constituée de maisons en bois sur une base de pierre, occupe alors l'éperon rocheux de Castello. Entouré d'un rempart, l'oppidum domine le port de Mandraccio, créé au bas de la colline à une date sans doute plus ancienne. Gênes se développe considérablement au lendemain des guerres puniques, quand elle devient une escale essentielle sur la route de la Gaule et de l'Espagne. À partir du règne d'Auguste et lors de la Pax Romana, la cité a déjà atteint l'actuelle zone du Porto Antico. Rivières et torrents dégringolant de la montagne sont canalisés.

Gênes médiévale

La **Porta Soprana** et la **Porta dei Vacca**, percée dans la muraille dite de Barberousse, donnent une idée de l'extension de Gênes au 12e s. L'enceinte protège l'actuel centre historique, ponctué de placettes et strié de *caruggi*, réseau de venelles étroites dont l'enchevêtrement égare d'éventuels envahisseurs et leur impose de se disperser. Au sein de cet agrégat extrêmement dense de quartiers, émerge la forêt de campaniles des églises, comme celui de San Donato (*p. 30*), et les hautes silhouettes des tours symbolisant la puissance et la rivalité des grandes familles patriciennes génoises. La plus élevée d'entre elles, la **Torre degli Embriaci** (12e s. ; *p. 30*) à Castello, porte le nom de Guglielmo Embriaco, vainqueur de Césarée en 1099, pendant la première croisade. C'est l'une des rares à avoir survécu à l'édit de 1196, qui limitera leur hauteur.

Églises et cathédrale

Gênes conserve un important patrimoine religieux médiéval. Influencées par la proche Lombardie, les églises génoises font preuve, tant à l'extérieur qu'à l'intérieur, d'une retenue décorative confinant à l'austérité, du moins jusqu'au 12e s. La façade de **Santa Maria di Castello** (12e s. ; *p. 29*), romane, présente des bandes lombardes, pilastres ou lésènes en faible saillie reliés au sommet par une frise d'arcatures. Ces éléments se retrouvent à l'église **Santo Stefano** (*p. 50*), qui illustre par ailleurs la principale caractéristique des églises médiévales génoises : l'alternance d'assises blanches et noires. Ce trait courant en Ligurie, mais aussi en Sardaigne et en Corse, s'observe à **San Matteo** (13e s. ; *p. 26*) comme à la **cathédrale San Lorenzo** (12e-16e s. ; *p. 24*). Celle-ci, de style gothique, affiche une richesse décorative inusitée, tant dans le choix de matériaux comme le marbre que dans l'importance tout à fait inédite accordée à la sculpture des portails.

Places et palais

Gênes ne développe pas au Moyen Âge de grande place communale et les affaires publiques de la ville se débattent dans la cathédrale, jusqu'à l'édification, au 13e s., du palais San Giorgio. Le reflet sur le plan urbanistique de la prégnance des grandes familles marchandes est la formation de plusieurs quartiers-fiefs, contrôlés par celles-ci et organisés chacun autour d'une place et d'une église. C'est le système des *alberghi*, structures sociales constituées par plusieurs familles, liées par le sang ou par un intérêt commun, qui habitent dans des palais proches les uns des autres et fréquentent les mêmes églises. C'est le cas des Doria à San Matteo ou des Spinola à San Luca.

La plupart des palais de Gênes datent de la Renaissance ou de l'époque baroque. Le principal palais médiéval de Gênes reste, en dépit des remaniements, le **Palazzo San Giorgio** s'élevant Piazza Caricamento (*p. 14*). Siège de la commune de Gênes, l'édifice forme le pendant civil et laïc de la cathédrale San Lorenzo. Les fresques décorant ses murs, réalisées vers 1480 par le peintre d'origine milanaise Carlo Braccesco, témoignent d'un goût du **trompe-l'œil** qui deviendra l'une des caractéristiques de l'architecture génoise jusqu'à l'âge baroque.

Floraisons baroques

Une fièvre de construction s'empare de Gênes aux 16e-17e s. La ville s'étend considérablement. Si les **Mura Vecchie**, les remparts édifiés au 16e, protégeaient une cité de 197 ha, les **Mura Nuove** (*p. 54*), élevés en 1626-1639, englobent désormais plus de 900 ha ! Autour de 1600, les Jésuites font reconstruire l'église Saint-Ambroise qui prendra le nom de **Gesù** (*p. 23*), féerie de marbres et de dorures abritant une foule de tableaux réalisés par les plus grands peintres du moment, à commencer par Rubens. Des travaux d'une envergure encore plus grande sont menés à l'orée de la **Via Balbi**, dans un secteur alors en cours de lotissement. Achevés vers 1650, ils métamorphosent la grande basilique franciscaine San Francesco del Vastato, de style gothique, en une imposante église baroque dédiée à la **Santissima Annunziata** (*p. 42*). Le baroque génois mobilise ici tout ce que la ville compte au 17e s. de peintres et d'artistes. Il atteint une splendeur inégalée.

La plus belle rue du monde

Parallèlement, grâce à l'essor de la finance et du crédit, la construction privée prend une ampleur extraordinaire aux 16e s. et 17e s. Pacifiées par la Constitution de 1528 mettant fin aux luttes intestines, les plus riches familles de la ville construisent de nouvelles résidences capables d'accueillir des hôtes de marque – cardinaux, gouverneurs, ambassadeurs et délégations étrangères. De nouveaux palais fleurissent dans le centre historique, tandis que les constructions plus anciennes sont mises au goût du jour. La **Strada Nuova** ou Via Aurea, actuelle **Via Garibaldi** (*p. 32*), est percée à partir de 1551 en marge du centre

médiéval. Elle se hérisse bientôt de palais rivalisant de magnificence. Grâce à leur hauteur extraordinaire pour l'époque, leurs heureux propriétaires peuvent assister au retour des bateaux au port. En 1576, le Sénat crée les **Rolli** (*p. 36*), liste officielle où les résidences sont classées en différentes catégories selon le rang des visiteurs appelés à y séjourner. Les Rolli, en fonction des époques, compteront de 100 à 200 palais portant le nom des grandes familles génoises. La plupart sont établis Via Garibaldi, ainsi que Via Balbi (*p. 43*) pour les plus récents d'entre eux (début 17e s.).
Les palais s'agrémentent de vestibules, d'escaliers d'apparat, de loggias peintes à fresque, suivant en cela le modèle romain, ainsi que de jardins suspendus. Leur décor intérieur est fastueux. Galeazzo Alessi, Bernardino Cantone, Giovanni Battista Castello et bien d'autres architectes ne lésinent ni sur les sculptures, ni sur les matériaux précieux ou les stucs !
Une pléiade d'artistes et d'artisans est appelée pour réaliser les plafonds peints, les sols polychromes et jusqu'aux *risseu* ou *ciottoli*, ces calades aux motifs gracieux que l'on trouve sur les parvis des églises de Ligurie comme dans le jardin du Palazzo Reale (*p. 44*).
Au début du 17e s., fasciné par ce faste lors de sa visite de la cité ligure, **Rubens** réalisera *Palazzi di Genova*, une anthologie des palais génois où figurent les plans, les coupes et élévations des plus beaux d'entre eux. L'ouvrage publié à Anvers fera mieux connaître la « plus belle rue du monde ». Il diffusera le modèle de la résidence aristocratique génoise en Flandre et, plus largement, en Europe.

La nouvelle Gênes

La fièvre de construction s'essouffle lorsque la ville perd son rang de principale place financière d'Europe. Le **Palazzo Reale**, achevé dans les années 1650 et future résidence de la famille de Savoie, est l'une des dernières réalisations palatiales de grande envergure.
Après un 18e s. en demi-teinte, Gênes connaît une nouvelle vigueur au 19e s. Le néoclassicisme s'impose à la façade de l'église de l'**Annunziata** (*p. 42*), avec vestibule monumental à colonnades ioniques et fronton triangulaire. Le style néoclassique est également adopté lors de la reconstruction du **Palazzo Ducale** (*p. 20*), rendue nécessaire par le réaménagement de la **Piazza Matteotti** et le percement de la Via San Lorenzo qui traverse le centre historique. Plus significatif, la ville, reliée dès 1854 à Turin par le chemin de fer, s'étend considérablement.
Parallèlement à l'agrandissement du port, de grands travaux urbanistiques déplacent le centre vers l'est : dès 1874, la commune d'Albaro est annexée. La **Via XXV Aprile** est percée en 1825, prélude à l'aménagement de la **Piazza De Ferrari** (*p. 46*), autour de laquelle s'élèvent le **Teatro Carlo Felice** (*p. 46*), la **Bourse** et différentes institutions. Vers 1870 est tracée la **Via Roma** (*p. 47*) – qui conserve quelques boutiques Art nouveau – à laquelle s'adjoint le passage couvert de la **Galleria Mazzini** (*p. 47*). Bordée d'édifices de style Liberty et enjambée

par le **Ponte Monumentale** *(p. 50)*, la **Via XX Settembre** *(p. 48)* et ses galeries sous arcades au sol couvert de mosaïques deviennent le cœur vivant de la Gênes d'avant-guerre et des Années folles. Pendant ce temps, le centre historique, laissé à l'abandon, se dégrade peu à peu. Habité par les classes populaires, il lui faudra attendre le 21e s. pour faire l'objet d'une réelle politique de réhabilitation.

Renzo Piano

En 1992, à l'occasion des festivités célébrant le 500e anniversaire de la découverte de l'Amérique par Christophe Colomb, le réaménagement du vieux port est confié à un autre enfant du pays : Renzo Piano. Quatre entrepôts douaniers du 17e s. sont réhabilités.Les anciens **magasins de coton** (fin 19e s.-déb. 20e s. ; *p. 16)*, longs de près de 400 m, abritent, après rénovation, des cafés, des restaurants, un espace pour enfants, un multiplexe, ainsi qu'un centre de congrès dans la partie reconstruite.

À ces réhabilitations, l'architecte génois ajoute plusieurs créations avant-gardistes comme le **Bigo** *(p. 16)*, dont l'un des bras en acier soutient un ascenseur offrant une vue panoramique sur le port et le cœur ancien de la ville. La principale attraction reste cependant l'**Aquarium** *(p. 16)*, agrandi en 2013, qui s'étire sur 200 m de long en avancée sur le port. En face, sur une plate-forme flottante, la **Biosfera** *(p. 18)* est un ajout réalisé en 2001 constitué de plaques de verre feuilleté. D'une très grande légèreté et comme posée sur l'eau, la structure reproduit le milieu de la forêt tropicale sur une superficie de 200 m^2.

Au-delà de nouvelles infrastructures de loisirs, Renzo Piano a parfaitement su donner corps à l'idée phare du projet : réconcilier le centre historique avec le port, séparés d'abord par le chemin de fer, puis par la Sopraelevata, la rocade surélevée. Il est aussi parvenu à renouer le lien distendu entre le port et les habitants : Porto Antico, l'un des lieux les plus animés de la ville, a été immédiatement adopté par les Génois. Mais les projets de Renzo Piano pour sa ville ne s'arrêtent pas là. Dès 2023, Gênes verra surgir le nouveau projet de l'architecte, le **Waterfront alla Fiera**, un aménagement ambitieux à l'extrémité orientale du port où se tient la Foire de Gênes. L'objectif est de faire naître une véritable cité de la mer, avec centre nautique, immeubles résidentiels, un palais des sports, des zones commerciales et récréatives, un parc urbain, le tout réalisé sous le signe de la plus stricte éco-durabilité.

La peinture à Gênes

Ludovico Brea

Les œuvres religieuses de **Ludovico Brea** (Louis Brea, 1450-1516), artiste d'origine niçoise, ornent de nombreuses églises de Nice à Gênes en passant par Monaco ou Savona. Adepte des fonds d'or de l'âge gothique à ses débuts, Brea assimile l'esthétique de la Renaissance à la fin de sa vie, notamment la perspective illusionniste. Cette évolution rapide et son souci du détail sont sans doute à mettre au compte d'influences flamande et lombarde.

Sous le signe d'Anvers

Gênes et Anvers entretiennent des liens commerciaux étroits. Les marchands génois commandent aux peintres flamands des tableaux destinés à décorer leurs palais et les églises de la ville. Certains artistes peignent leurs œuvres en Flandre. D'autres sont invités en Italie par leurs mécènes et les réalisent sur place. Ainsi s'explique la présence de nombreux tableaux et retables flamands dans les collections des palais et dans les églises de Gênes, comme San Donato *(p. 30)*.

Rubens (1577-1640) lui-même, réclamé par toutes les cours européennes, séjourne plusieurs étés dans la ville ligure au début du 17e s. Répondant aux nombreuses commandes de l'aristocratie génoise, il exécute une série de portraits de membres de grandes familles, dont celui, monumental et plein de fougue, de Giovanni Carlo Doria sur sa monture (à la Galleria Nazionale di Palazzo Spinola, *p. 27)*. Pour Gênes, il réalise *La Circoncision* qui orne le maître-autel de l'église du Gesù *(p. 23)*.

Son ancien assistant à Anvers, **Antoine Van Dyck** (1599-1641), séjourne de 1621 à 1627 dans la ville ligure. Le Flamand se taille une réputation d'excellence par sa maîtrise du portrait de plain-pied, qui exprime l'autorité du modèle. La noblesse ligure lui commande aussi des tableaux religieux et le charge du décor de ses palais. Très nombreuses à Gênes, ses œuvres déterminent dans une large mesure l'intérêt des collections des Musei di Strada Nuova *(p. 38)*, du Palazzo Spinola *(p. 27)* et du Palazzo Reale *(p. 44)*.

Les débuts de l'école génoise

L'école génoise est d'abord représentée par **Giovanni Battista Castello**, dit **le Bergamasque** (1509-1569), encore marqué par le maniérisme, auteur du Palazzo Nicolosio Lomellino *(p. 37)* et de son décor. Avec son ami **Luca Cambiaso** (1527-1585), qui exécute des fresques au Palazzo Doria Spinola *(p. 47)*, le Bergamasque réalise l'ornementation de **San Matteo**, avant de se mettre au service de Philippe II d'Espagne.

Taddeo Carlone (1543-1613) incarne les débuts de l'école de sculpture génoise. Artiste prolifique venu de Lombardie, il réalise d'opulents portails de palais, des statues et des façades d'églises. Il forme ses neveux Tommaso et Bernardo, auteur de « La reine de Gênes », la Madone qui ornait la porte de la Lanterna aujourd'hui détruite. Dans la seconde moitié du 17ᵉ s., l'aristocratie génoise est séduite par l'expressivité et le sens du tragique du Français **Pierre Puget** (1620-1694), qui séjourne dans la ville de 1661 à 1668.

L'âge d'or

Au 17ᵉ s., sous l'influence de Rubens et de Van Dyck, mais aussi de **Simon Vouet** (1590-1649), appelé par les Doria en 1620-1622, des artistes locaux développent un art baroque au dramatisme renforcé par l'emploi de couleurs sourdes et fondues.

La génération née dans les années 1580-1600 porte l'école génoise à son apogée. À cette dernière appartiennent les deux fils de Taddeo **Carlone**, **Giovanni Bernardo** (1584-1631) et **Giovanni Battista** (1603-1684), renommés pour la qualité de leurs fresques, de leurs plafonds peints, et leur science du raccourci. Ils participent tous deux, dans les années 1620, à la réalisation du fastueux décor baroque de l'Annunziata (☛ *p. 42*).

Bernardo Strozzi (1581-1644) est sans doute le peintre génois le plus célèbre en son temps. Formé à Sienne, il subit et synthétise de nombreuses influences : le maniérisme, l'art du Caravage, de Van Dyck et de Rubens. Son style est plein de brio et sa riche palette s'éclaircit à la fin de sa vie après sa découverte de l'art de Véronèse à Venise. Il touche à tous les domaines : scène de genre, portrait, fresque, mythologie et peinture religieuse...

Domenico Piola (1624-1703) est l'un des peintres les plus prolifiques de l'école génoise. Très influencé par les maniéristes lombards (surtout Cerano et Giulio Cesare Procaccini), il se distingue par son talent de peintre-scénographe, plus préoccupé par le résultat d'ensemble que par la justesse du détail. Vous verrez ses œuvres dans la plupart des églises de Gênes.

Gregorio De Ferrari (1647-1726), très influencé par le Corrège pendant son séjour à Parme, a imprimé une nouvelle direction à la peinture génoise. Son chef-d'œuvre est la *Mort de Sainte Scholastique* (☛ *p. 26*).

Alessandro Magnasco

Peintre original à la touche d'une extrême liberté et d'une grande modernité, **Alessandro Magnasco** (1667-1749) travaille à Milan et s'établit dans sa ville natale de Gênes de 1735 à sa mort. Son art s'inscrit dans la lignée de la peinture fantastique du Napolitain Salvator Rosa et du graveur français Jacques Callot. Magnasco affectionne les paysages, les scènes de genre et les caprices. Dans ses tableaux, un grand nombre de personnages de taille minuscule, souvent des moines, des vagabonds ou des soldats, hantent des ruines, des vallées ou des forêts obscures, autant d'univers tourmentés et inquiétants. Il s'intéresse aussi aux paysages marins, préfigurant en cela le romantisme. Magnasco, peintre anticlassique par excellence, ne connaît guère de succès dans sa ville natale. Il est sans doute pourtant l'artiste génois le plus personnel, et le plus intensément lyrique.

Jean et autres tissus

La richesse de la République maritime de Gênes repose sur sa marine, sur l'entregent de grandes familles, mais aussi sur ses ateliers de soieries. Vers 1450, la Corporazione dell'Arte della Seta (Corporation de l'art de la soie) est la plus prestigieuse corporation de métiers de Gênes. Sur les 60 000 habitants, 60 % travaillent dans le seul secteur de la soie !

Velours et damas

Velours et damas génois, tissés à partir de matière première importée d'Orient, acquièrent une renommée extraordinaire en Europe. Leur raffinement, leur incomparable douceur et leur qualité technique n'ont rien à envier aux plus beaux tissus produits à Venise ou Lucca. Posséder un *velluto* génois devient un évident signe extérieur de richesse pour l'aristocratie et la haute bourgeoisie, lesquelles s'en parent avec fierté dans les portraits réalisés par Van Dyck ou Rubens. Parmi les biens les plus précieux que possédait Henri VIII d'Angleterre, l'inventaire dressé en 1547 à la mort du monarque fait ainsi mention de « Jeane », nom générique donné aux tissus fabriqués à Gênes quelle que soit leur richesse. Exportés en Angleterre et à Anvers d'où ils sont diffusés jusqu'en Pologne ou en Bavière, les velours génois connaissent une faveur jamais démentie jusque vers 1750. Quant aux damas, leurs motifs brodés en fil de soie d'argent donnent un faste princier aux palais génois et européens. Désireuse de limiter les coûts d'importation prohibitifs, la France attire des artisans génois au milieu du 18e s. Seul le *velluto tagliato nero*, un velours d'un noir intense, parviendra à résister à la concurrence française.

Le jean, invention génoise

Au 16e s., des marins génois décident de tailler leurs pantalons dans les voiles usagées des bateaux et de les teindre en bleu. Ainsi naît le jean, dont le nom dérive de « Jeane ». Habillant aussi les paysans de Ligurie, le jean en coton reprend la technique de fabrication des *fustagni*, étoffes de lin ou de coton tissées en diagonale, donc très résistantes. La toile bleue appelée à un destin mondial sert aussi de support à des représentations de la Passion pour la décoration provisoire des églises lors du Carême (*p. 25*).

Mezzari

Du 17e s. à la fin du 18e s., les riches Génoises se couvraient la tête d'un « mèzzaro », ou indienne, grand carré ou rectangle de lin ou de coton imprimé de délicats motifs floraux réalisés au pochoir. La mode se diffusa ensuite en Europe, particulièrement en Angleterre. Les mezzari, utilisés aujourd'hui comme tissus décoratifs pour la maison, sont vendus dans plusieurs boutiques de Gênes (*p. 103*).

Musiques

Niccolò Paganini (1782-1840)

Curieusement, Gênes n'a donné que peu de compositeurs importants. En dehors de Giovanni Maria Pagliardi (1637-1702), maître de chapelle au Gesù, puis auteur d'opéras à Venise, l'histoire ne retient que le seul nom de Niccolò Paganini.

Né d'un docker amateur de musique, Paganini apprend très jeune le violon auprès de son père et de plusieurs professeurs… rapidement dépassés par sa précocité, comme Alessandro Rolla à Parme.

Paganini se produit en public dès l'âge de 11 ans. Sa vie durant, il sillonne l'Europe et donne d'innombrables concerts, soulevant partout l'admiration. Son jeu d'une extrême virtuosité et liberté, ses bariolages, ses *pizzicati* de la main gauche se combinant aux notes exécutées à l'archet, ses triples et quadruples accords, ses trilles et ses changements abrupts de registres stupéfient le public et fascinent les musiciens de la génération romantique, au premier rang desquels Liszt, Chopin ou Schumann.

Paganini collectionne également les violons des meilleurs luthiers de Crémone – Stradivarius, Amati et autre Guarneri, dont le « Cannone », le Guarneri del Gesù (1743), son instrument favori conservé au Palazzo Tursi (☛ *p. 41*). Son œuvre comprend uniquement de la musique instrumentale. Ses 24 caprices et ses 6 concertos pour violon et orchestre comptent parmi les sommets de la littérature violonistique. Paganini laisse aussi de nombreuses sonates pour violon et guitare, son autre instrument. Son jeu acrobatique, ses poignets et ses mains d'une souplesse extraordinaire, ainsi que son visage blafard et sa silhouette comme sortie d'un conte d'Hoffmann, seront à l'origine de sa réputation de « sorcier du violon ». Selon la rumeur, Paganini aurait noué un pacte avec Satan. Il serait peut-être l'incarnation même du Diable… À sa mort en 1840 à Nice, l'évêque refusera que le compositeur soit inhumé en terre chrétienne. Son corps embaumé ne sera enterré qu'en 1876, à Parme.

Les cantautori

Des amis de la même génération, habitant le quartier de Foce, entre l'extrémité du Corso Italia et l'actuelle foire de Gênes, se retrouvent dans un bar de la Via Cecchi et composent des chansons à leurs moments perdus. Ainsi naît la *scuola genovese dei cantautori*, l'école génoise des auteurs-compositeurs-interprètes. Ses membres vont renouveler et dominer la chanson de variété italienne dans les années 1960 et 1970.

Les textes des chansons sont dépourvus de mièvrerie, parfois gais ou empreints de nostalgie, voire de tristesse ou même de révolte. L'orchestration, du moins chez la

plupart des *cantautori*, est riche et soignée.
Gian Franco Reverberi (né en 1934), frère aîné de Gian Piero, fondateur de l'ensemble Rondò Veneziano, est considéré comme le pionnier.
Gino Paoli (né en 1934) se signale par la qualité de ses textes où perce un certain mal-être. *Un uomo vivo* est l'épiphanie existentielle d'un homme grâce à l'amour. **Bruno Lauzi** (1936-2007) compose *Il poeta*, chanson d'amour considérée comme un manifeste de l'école génoise des *cantautori*. Son *Genova per noi* évoque la ville avec subtilité. **Luigi Tenco** (1938-1967), amoureux fou de Dalida et auteur de l'inoubliable *Mi sono innamorato di te*, est souvent frappé par la censure. Il meurt prématurément après son échec au festival de la chanson de San Remo avec *Ciao amore, ciao*. La police conclut à un suicide. Son ami **Riccardo Mannerini** (1927-1980), aventurier à jamais insatisfait, connaît un destin semblable. Artiste engagé avec *Ballata per un ferroviere*, composée à la mort de l'anarchiste Giuseppe Pinelli, il est l'auteur de *Signore io sono irish*, interprétée par le groupe de rock progressif **New Trolls**. Enfin, **Umberto Bindi** (1932-2002) laisse notamment *Arrivederci*, repris par Chet Baker, et *Il nostro concerto*, un slow encore plus romantique.
Fabrizio De André (1940-1999), ami de Luigi Tenco et de Riccardo Mannerini, reste aujourd'hui encore très populaire en Italie. Ses textes d'une grande poésie, pour certains écrits en dialecte ligure, figurent d'ailleurs dans les manuels scolaires italiens. De André chante l'amour, mais il s'intéresse aussi aux prolétaires, aux prostituées, à la vie dans les ruelles de Gênes. Influencé par Bob Dylan et Leonard Cohen, le « Brassens italien » compose d'innombrables chefs-d'œuvre : *Bocca di Rosa, La canzone di Marinella, La canzone dell'amore perduto, La guerra di Piero, La città vecchia*...

Squadre di canto

Huit à douze chanteurs exclusivement masculins se placent en cercle pour interpréter un **trallalero**, chant polyphonique traditionnel ligure transmis oralement.
Né dans les villages des Apennins, puis chanté par les dockers et les ouvriers génois, le *trallalero* doit son nom aux syllabes « tra la la » intervenant à la fin d'un couplet.
À la voix principale de ténor *(o primmo)* s'entremêlent celles d'un falsettiste et d'un baryton. *A chitâra*, généralement un baryton léger, imite une guitare rythmique en répétant la syllabe « du », le dos de la main tourné vers la bouche afin de produire un son nasal. Les *basci* étoffent la partie de basse par leurs « bon-bon ».
Une *squadra* se produit souvent le samedi (à 16h) Piazza Luccoli ou à l'étage du café du même nom.

Gastronomie

Inventive et subtilement parfumée, la cuisine traditionnelle ligure met le poisson, les herbes et les légumes à l'honneur.

Acciughe, Fritura et Stoccafisso

Les anchois *(acciughe)* se retrouvent dans les pâtes, cuisinés avec des artichauts *(carciofi alle acciughe)*, ou frits avec d'autres poissons *(fritura)*. Le *stoccafisso* (stockfisch) était chargé en cale par les marins génois avant de partir en mer. Souvent confondu avec la morue *(baccalà)*, mais d'un goût différent, le *stoccafisso* est obtenu par dessiccation de merlan pêché au large de la Norvège, entre février et avril.

Farinata

L'origine de cette galette salée très fine remonte à l'Antiquité, quand les Grecs ou les Romains faisaient cuire de la purée de pois chiches additionnée d'huile d'olive sur des pierres chaudes ou sur leur bouclier. La *farinata* se mange nature, accompagnée d'oignons ou de saucissons.

Focaccia

La fougasse génoise est mentionnée dès le 14e s., mais son origine est plus ancienne. Elle est obtenue à partir de farine, d'huile d'olive, de levure de bière et d'eau, puis cuite au four. Plus que son épaisseur, variable, le plus important est la présence de creux dans lesquels se concentrent l'huile et le sel. La *focaccia* se déguste chaude et nature, comme du pain, de préférence à l'envers, les creux vers le bas selon les puristes.
Dans les *focaccerie*, elle est proposée aux herbes, aux olives, aux oignons, aux poivrons, à la tomate, au fromage, etc.

Huile d'olive

Elle est produite par des oliviers poussant sur les terrasses des Appenins, face à la mer.
Subtile et parfumée, la DOP Riviera Ligure regroupe trois sous-appellations : Riviera dei Fiori, Riviera del Ponente Savonese et Riviera di Levante.

Pansoti et trofie

Les *pansoti* sont des sortes de raviolis tirant leur nom de leur forme pansue *(panciuta)*. Sur la côte, on les trouve parfois aussi sous forme de triangles ou de demi-lunes. La farce se compose d'un mélange de différents produits du cru : bourrache, blette, *preboggion* (herbes médicinales des Apennins), *prescinseua* (lait caillé), parmesan et œufs.
Les *trofie*, en forme de petites tiges allongées plus épaisses au centre, sont obtenues en frottant deux morceaux de pâte entre les mains (du génois *strofissià*). Enfin, les *corzetti* ont la forme d'un 8.

Pesto et Salse

La recette « officielle » du *pesto* utilise des ingrédients très précis :

basilico genovese issu de plantes jeunes, parmesan, *pecorino sardo* (fromage sarde de lait entier de brebis), huile d'olive, sel, pignons de pin et ail. Réussir un *pesto* tient aussi à l'art d'incorporer les ingrédients, ainsi qu'à un certain doigté dans le maniement du pilon et du mortier (*pestare* signifie « écraser »), lequel doit obligatoirement être en marbre. La *salsa di noci* (sauce aux noix avec du parmesan et de l'ail) peut accompagner les pâtes, comme les *pansoti*. La *salsa verde* (sauce verte) ou *bagnetto*, à base d'ail et persil, relève poissons et viandes. Cette dernière entre dans la composition du *cappon magro*, un plat de fête à base de crustacés et de légumes nécessitant une longue préparation. Enfin, la *salsa di pinoli* est une sauce réalisée au mortier avec des pignons, du parmesan, de la *prescinseua* (lait caillé), de l'ail et de l'origan.

Tourtes

Les tourtes aux légumes sont très prisées. Expression ultime de l'art d'accommoder les restes, la *torta pasqualina* mélange parmesan, *prescinseua* (lait caillé), oignon, ail, œufs et blette, qu'il est possible de remplacer par l'autre légume star de la cuisine génoise : l'artichaut.

Sucré

Aux douceurs réalisées pour les grandes fêtes du calendrier liturgique, comme la Sainte-Agathe (5 février) ou la Saint-Joseph (19 mars) s'ajoutent une myriade de biscuits dont les recettes datent parfois du Moyen Âge : *biscotti del lagaccio*, *canestrelli*, *caporale* à tremper dans le cappuccino, ou *anicini* à la saveur anisée. Mention spéciale pour le **pandolce**, pain avec des raisins secs, des pignons, du cédrat confit et du fenouil : un délice !

Vins

Le relief abrupt de la Ligurie fait de la culture de la vigne un véritable défi. La plupart des vins proviennent de petits producteurs qui doivent cultiver leurs arpents (en majorité de cépages Vermentino, Sangiovese, Cabernet-Sauvignon et Pigato) sur des terrasses accrochées à des pentes rocheuses parfois très prononcées.

La meilleure illustration de cette particularité se trouve dans les vignobles de l'**AOC Cinque Terre**. Leur production est infime, à peine 15 000 bouteilles. C'est un vin blanc sec très réputé, forcément onéreux du fait de sa production limitée, et qui se caractérise par une pointe salée liée à la proximité de la mer. Un autre cru célèbre de la région est le **sciacchetrà**, doux et rugueux à la fois, obtenu par passerillage des plus belles grappes.

À l'ouest de Gênes, la Riviera Ligure del Ponente produit divers vins rouges, dont l'excellent Rossese di Dolceaqua AOC, considéré comme l'un des meilleurs vins du monde.

À part ces deux stars, citons les appellations Golfo del Tigullio, Val Polcevera et Colli di Luni.

Il faut aussi noter que la Ligurie produit énormément de chinotto, l'agrume à la base de la boisson gazeuse du même nom, qui entre dans la composition des liqueurs de type Amaro.

J

L

M

N

O

P

R

S